Deborah Pulverich (Hg.)

Meinen Frieden gebe ich dir

Foto: LadyZ & Mister8 Photography

Über die Herausgeberin

Deborah Pulverich, frühere Redakteurin bei der Zeitschrift LYDIA und Mitherausgeberin mehrerer Bücher, ist heute selbstständige Fotografin und Autorin. Geschichten zu erzählen – in Worten und in Bildern – ist ihre Leidenschaft. Sie ist verheiratet und lebt in der Nähe von Siegen.

Deborah Pulverich (Hg.)

Meinen Frieden gebe ich dir

Inspirationen
für ein hoffnungsvolles
und versöhntes Leben

Lydia
www.lydia.net

MIX
Papier | Fördert gute Waldnutzung
FSC® C018236

1. Auflage 2024
Bestell-Nr. 821092
ISBN 978-3-98695-092-7

Umschlaggestaltung & Satz: Hanni Plato
Umschlagfoto: Elena Engels
Fotos im Innenteil: Deborah Pulverich, außer 2: LadyZ & MisterB Photography,
13/112: Milena Schmidt Fotografie, 18/31/100: Unsplash, Annie Spratt,
46: Unsplash, Samuel Scrimshaw, 106: Elena Engels
Druck und Verarbeitung: Dimograf
Printed in Poland

www.gerth.de

Inhalt

Auf der Suche nach *Frieden*

Eines der aufregendsten Ergebnisse der ersten NASA-Flüge zum Mond waren Fotografien von der Erde. Auf dem berühmtesten Foto sieht sie aus wie ein zerbrechlicher blauer Ball, der in der schwarzen Nacht des Weltraums hängt. Es führt anschaulich vor Augen, wie isoliert unser Planet in der unvorstellbaren Weite des Universums ist – aber auch wie einzigartig: Blaue Ozeane und weiße Wolken bezeugen das Leben wie bei keinem anderen Himmelskörper.

Die Einzigartigkeit der Erde wird an vielen Stellen der Bibel bestätigt. Gott schreibt seiner Schöpfung einen so hohen Wert zu, dass er seinen einzigen Sohn sandte, um sie zu erlösen. Die Weihnachtsgeschichte erzählt davon, wie diese blaue Kugel, die in der Stille des Weltraums hängt, in der Geburtsnacht Jesu von Engelsscharen besucht wird, die verkünden: „Ehre sei Gott im Himmel! Denn er bringt der Welt Frieden und wendet sich den Menschen in Liebe zu!" Jeder Bewohner der Erde – in Vergangenheit, Gegenwart und Zukunft – ist ein Empfänger dieses Segens.

Auch wenn globaler Frieden noch etwas Zukünftiges ist, kann er schon jetzt unsere Herzen erfüllen und nach außen sichtbar werden. Irgendwo habe ich einmal den folgenden Gedanken gelesen:

Kein Friede in der Welt ohne Frieden unter den Völkern,
kein Friede unter den Völkern ohne Frieden in der Familie,
kein Friede in der Familie ohne Frieden in mir,
kein Frieden in mir ohne Frieden mit Gott.

Frieden beginnt im Kleinen, im Verborgenen. Er wird nicht nur durch große Aktionen auf den Weg gebracht, sondern vor allem durch unsere innere Einstellung, durch viele kleine Schritte und Zeichen. Wer Frieden stiften will, muss ihn zuerst selbst erlebt haben.

Ich sehne mich nach diesem echten, tiefen Frieden, von dem die Bibel spricht. Einem Frieden, der innere Ruhe und Freiheit schenkt. Der mich im Alltag erfüllt, aber auch dann noch unerschütterlich bleibt, wenn in meinem Leben Stürme toben. Der Beziehungen heilt und das Gute auf dieser Welt bewahrt und wiederherstellt.

Psalm 34 fordert uns dazu auf: „Suche Frieden und jage ihm nach!" Es ist eine Ermutigung, selbst aktiv zu werden. Und ich glaube, schon indem wir uns auf die Suche machen, ändert sich etwas Wichtiges in uns selbst: Wir werden bereit für das, was wir suchen. Wir schaffen in uns Raum für den Frieden.

Deshalb lade ich dich ein, dein Herz zu öffnen und dich gemeinsam mit mir auf diese Suche zu begeben – nach dem wahren Frieden, den nur einer schenken kann.

Deborah Pulverich

Frieden finden

Denn ich allein weiß, was ich mit euch vorhabe:
Ich, der Herr, habe Frieden für euch im Sinn
und will euch aus dem Leid befreien.
Ich gebe euch wieder Zukunft und Hoffnung.

Jeremia 29,11

Zu-*Frieden*-heit

Immer wieder mal begegnen wir Frauen, die uns durch einen tiefen inneren Frieden beeindrucken. Sie leben in der Regel nicht in geräumigen Villen und sie vertrauen nicht auf ein gefülltes Bankkonto. Oft tragen sie sogar schwerere Bürden als der Durchschnitt. Was ist das Geheimnis ihrer Herzensruhe?

Die Verhaltensforschung lehrt uns, dass wir unser Hirn auf Positives trainieren können. Das kann ganz klein beginnen: So können wir uns im Laufe des Tages immer wieder bewusst fragen: „Was ist gerade jetzt, gerade hier, in diesem Moment gut an meiner Situation?" Wir können kurz innehalten, tief durchatmen und diesen Moment der Zufriedenheit festhalten. Unser Hirnstoffwechsel wird diese Momente der Konzentration auf das Gute mit der Ausschüttung von sogenannten Glückshormonen unterstützen. Nicht nur unsere Gefühle und Gedanken hellen sich auf, auch unser Körper entspannt sich. Dadurch wechseln wir unsere Lebenssicht von einem Negativfokus hin zu einem Zufriedenheitsfokus. Ein Gefühl der Ruhe und Zufriedenheit kann sich ausbreiten.

Formel zum Glücklichsein

Auch in der Bibel finden wir Anregungen zum Umgang mit dem nicht so Guten. Paulus sitzt am Ende seines Lebens im Gefängnis in Rom, angekettet an einen Soldaten, ungewiss, wann seine letzte Stunde schlagen wird. In dieser Situation schreibt er: „Schließlich habe ich gelernt, in jeder Lebenslage zurechtzukommen. Ob ich nun wenig oder viel habe, beides ist mir durchaus vertraut, und ich kann mit beidem zufrieden sein" (Philipper 4,11–12). Was ist das Geheimnis dieser inneren Einstellung?

Aus seiner Gefängniszelle heraus beschreibt er die „Formel" für inneren Frieden: „Freut euch zu jeder Zeit, dass ihr zum Herrn gehört. [...] Alle Menschen sollen eure Güte und Freundlichkeit erfahren. Der Herr kommt bald! Macht euch keine Sorgen! Ihr dürft in jeder Lage zu Gott beten. Sagt ihm, was euch fehlt, und dankt ihm!" (Philipper 4,4–6).

Foto: Milena Schmidt Fotografie

6 Schritte zu innerem Frieden

1. Sich über Jesus freuen

Die politischen Spannungen und Kriege entwickeln sich zu einem Pulverfass, der Klimawandel wird für Millionen von Menschen zur Überlebensfrage, Zukunftsängste plagen Jung und Alt. Doch unser Blick muss nicht an der Bedrängnis und den großen Herausforderungen hängen bleiben. Denn auch wenn es noch so schwer ist, wenn unser Leben in Stücke zerbricht und wir keinen Ausweg mehr sehen, leuchtet ein Hauch von Freude in allem Leid: Jesus Christus ist bei uns. Er wird uns niemals verlassen. Er versteht unseren Schmerz, denn er selbst kennt Not und Leid aus eigener Erfahrung.

2. Sorgen an Gott abgeben

Sorgen sind äußerst anhänglich! Wie von einem Magnet werden unsere Gedanken von negativen Umständen angezogen. Doch mit Sorgen lässt sich nichts verändern. Wir müssen uns bewusst entscheiden, die sorgenvollen Gedanken zu stoppen und sie durch Gottes Verheißungen zu ersetzen. Stell dir einen Vorrat an ermutigenden Verheißungen aus der Bibel zusammen, damit du in schwierigen Zeiten davon zehren kannst. Du wirst erfahren, dass dadurch Hoffnung wachsen kann und du innerlich zur Ruhe kommst.

3. Konkret beten

In der Bibel werden wir immer wieder darauf hingewiesen, dass wir unsere Sorgen ganz offen vor Gott aussprechen dürfen. Keine Sorge ist zu klein oder zu banal, zu groß oder zu schwerwiegend, um nicht vor ihn gebracht zu werden. Wir dürfen beten, wenn wir den Haustürschlüssel verloren haben, der Chef uns ungerecht behandelt hat, die Tochter sich in zweifelhafter Gesellschaft aufhält oder unsere Ehe in einer tiefen Krise steckt. Wir dürfen Gott unsere ganze Not darlegen, vor ihm weinen und trauern oder unsere Wut und den Frust herauslassen. Das Gebet hat eine reinigende Wirkung. Indem wir unsere Enttäuschung und unsere Ängste aussprechen, können wir sie loslassen und Raum schaffen für Gottes Frieden.

4. Dankbar sein

Es ist leicht, Gott zu danken, wenn mein Gebet erhört wurde. Sehr viel schwerer ist es, dankbar zu sein, wenn ich mir Sorgen mache. Es wäre unehrlich, wenn wir einfach pro forma für die Situation danken würden, während wir innerlich vor Schmerz beinahe zerbrechen. Unglück im Leben ist nicht von Gott gewollt, sondern es gehört in einer Welt, in der auch das Böse wirkt, zu unserem Leben. Auch Jesus hat geweint, als er die Not der Menschen sah.

Trotzdem gibt es in jeder Situation einen Ansatz zum Danken. Wir können uns Gutes in Erinnerung rufen, das uns oft selbstverständlich erscheint, wie: „Ich habe keine Schmerzen. Mein Kühlschrank ist gefüllt. Ich habe ein Dach über dem Kopf." Du kannst gleich jetzt mit diesem Dankbarkeitstraining beginnen, indem du zehn Dinge aufschreibst, für die du dankbar bist.

5. Gutes tun

Gutes tun tut gut. Untersuchungen haben ergeben, dass diese Lebensweisheit in allen Kulturen gilt. Ein Forschungsteam hat herausgefunden, dass die Menschen im Grunde auf drei Arten Glück anstreben: Die einen suchen den Genuss, andere suchen ihr Glück im tätigen Leben, und als Drittes gibt es den Weg der Sinnsuche. Alle drei Lebensstile schenken Zufriedenheit, doch das tätige, engagierte Leben liefert den höchsten Zufriedenheitswert, und zwar weltweit.

Interessanterweise finden wir in der Bibel alle drei Wege der Lebenszufriedenheit vereint: Der Glaube an Gott schenkt uns einen Lebenssinn, die tätige Nächstenliebe ist ein grundlegender Bestandteil des Glaubens, und auch Genuss hat seinen Platz: Jesus verheißt uns ein Leben in Fülle.

6. Friede – ein himmlisches Geschenk

Wir können uns Gottes Frieden nicht erarbeiten oder verdienen – er ist ein Geschenk. Sein Friede ist mehr als positives Denken oder eine Charaktereigenschaft. Paulus sagt dazu: „Und der Friede Gottes, der allen Verstand übersteigt, wird eure Herzen und eure Gedanken bewahren in Christus Jesus" (Philipper 4,7).

Auch in einer Welt voller Not, Krieg, Angst und Kummer können wir den Frieden erleben, nach dem wir uns so sehr sehnen. Man kann diesen Vers auch so übersetzen: „Und der Friede Gottes, der alles Denkvermögen übersteigt, wird eine Garnison sein, um eure Herzen und Gedanken zu bewahren in Jesus Christus." Der Friede Gottes ist wie eine Schutzmauer, die uns gegen die Angriffe des Zweifels, des Selbstmitleids, der Minderwertigkeitsgefühle, der Entmutigung und der Angst abschirmt.

Gestärkt und gestützt durch Gottes Frieden haben Christen zu allen Zeiten Großartiges vollbracht: Sie trotzten den Löwen in der Arena, sie saßen im Gefängnis und sangen, sie lehnten sich gegen diskriminierende Gesetze auf, sie strömten bis an die Enden der Welt und verkündeten Gottes Hoffnungsbotschaft. Vieles geschieht auch im Verborgenen: Mütter harren an der Seite eines kranken Kindes aus, Töchter pflegen ihre alternden Eltern, Ehefrauen ertragen die Launen oder das Schweigen ihres Mannes, Mitarbeiter verbessern das Klima in der Firma.

Wir können uns innerlich auf Gottes Frieden vorbereiten und an unserer Lebenseinstellung arbeiten. Doch trotz allem ist eine gelassene „Zu-Frieden-heit" letztlich Gottes Geschenk an uns.

Annemarie Pfeifer ist heute im Ruhestand, arbeitet aber weiterhin Teilzeit in der Frauenberatung.

Der Friede Gottes ist wie eine

Schutzmauer,

die uns gegen die Angriffe des Zweifels,

des Selbstmitleids,

der Minderwertigkeitsgefühle,

der Entmutigung und der Angst abschirmt.

15 Dinge, die glücklich & zufrieden machen

1. Dich mit etwas zu beschäftigen, das dir Freude bereitet und für das es sich lohnt, deine Zeit und deine Fähigkeiten zu investieren.

2. Anderen Menschen mehr zu geben, als sie erwarten, und zwar mit fröhlichem Herzen!

3. Im Glauben Gutes zu erwarten und dich für Neues begeistern zu lassen.

4. Dir selbst und anderen zu vergeben.

5. Großzügig zu sein.

6. Ein dankbares Herz zu bewahren.

7. Jeden Menschen so zu behandeln, wie du selbst gern behandelt werden möchtest.

8. Demütig und immer bereit zu sein, an dir zu arbeiten.

9. Zu verstehen, dass Glück nicht von Besitz, Macht, Aussehen oder Image abhängig ist, sondern von Beziehungen mit Menschen, die du liebst und respektierst.

10. Dich um die Menschen zu kümmern, die du liebst.

11. Klug mit Geld umzugehen.

12. Ehrlich zu sein.

13. Entscheidungsfreudig zu sein. Selbst wenn das bedeutet, dass du manchmal falsche Entscheidungen triffst.

14. Damit aufzuhören, anderen Menschen die Schuld zuzuschieben, und stattdessen Verantwortung für jeden Bereich deines Lebens zu übernehmen.

15. Mutig zu sein. Denn im Rückblick wirst du vermutlich eher bereuen, was du nicht getan hast, als das, was du getan hast.

Versöhnt mit mir – *befreit* für andere

„Uli, warum hast du denn kein Abendessen gemacht?" Vorwurfsvoll begrüße ich meinen Mann. Ich hatte gehofft, mit einem schön gedeckten Abendbrottisch empfangen zu werden. Pustekuchen. Mein Bester sitzt nach einem harten Tag lesend auf der Terrasse. Später erkenne ich, dass ich zu hohe Erwartungen hatte, und entschuldige mich.

Im Alltag schaffen wir es vielleicht ganz gut, uns wieder zu versöhnen, aber wie sieht es mit den großen Brocken in unserem Leben aus? Mit den Situationen, in denen etwas in uns zerbrochen ist? Träume, die sich nicht erfüllt haben; Illusionen, die uns genommen wurden; Realitäten, die schmerzhaft sind. Kann man sich damit auch so einfach versöhnen? Ich glaube, nicht.

Deshalb möchte ich einige mögliche Brüche im Leben unter die Lupe nehmen. Vielleicht ist dort einiges anders gelaufen, als wir gedacht, gewünscht, geträumt haben. Doch diese Brüche laden zur Versöhnung ein.

Die Vergangenheit

Irgendwann habe ich Altlasten aus meiner Vergangenheit entdeckt, die mein Leben in der Gegenwart blockierten. Da galt es aufzuräumen. Trümmerarbeit war angesagt. Und die hat Tränen und Kraft gekostet. Zur Vergangenheit kann

gehören, dass uns andere etwas schuldig geblieben sind. Vielleicht haben wir auch selbst Schuld auf uns geladen, falsche Wege eingeschlagen, würden manches gern ungeschehen machen. In meiner Trümmerarbeit musste ich mich beidem stellen und mich dabei mit einer psychosomatischen Rückenerkrankung auseinandersetzen. Es ging um viel seelischen und körperlichen Schmerz. Ich musste Beziehungsprobleme in Angriff nehmen, aber auch lebensfeindliche Grundeinstellungen.

Ein Beispiel: Ich lernte, dass ich aufgrund einer Bindungsstörung unfähig war, anderen Menschen zu vertrauen. Dieses Misstrauen hatte sich zu einer Grundsorge dem Leben gegenüber ausgeweitet. Gott hat mich behutsam an die Hand genommen, sodass ich mittlerweile in Sorglosigkeit, Vertrauen und Hoffnung hineingewachsen bin. Dieser Prozess hat viele Jahre gedauert, denn solche Schritte brauchen Zeit. Aber ich habe erkannt: Wenn ich mich nicht mit meiner Altlast aussöhne, fehlt mir das Fundament für eine gelingende Zukunft.

Das Lebensumfeld

Sarah hat fest damit gerechnet, dass sie eines Tages heiraten würde. Ehe und Familie – das war ihr Plan fürs Leben. Heute, zwanzig Jahre später, lebt sie immer noch als Single. Sarah musste sich irgendwann der Wirklichkeit stellen. Sie erkannte: „Wenn ich meine alten Träume nicht loslasse, werde ich mir ständig selbst im Weg stehen. Ich werde die Chancen und Möglichkeiten meines Singlelebens nicht nutzen, weil ich ständig den Verheirateten hinterherschaue."

Bettina hat dagegen Ehe und Familie. Aber ihr Leben ist wesentlich stressiger, als sie sich das vorgestellt hatte. Ein Kind ist „schwierig", das andere hat eine Behinderung. Da ist nicht viel Raum für die Fotoidylle einer vierköpfigen Familie, stattdessen sind Termine einzuhalten, Kinder zu motivieren, Einkäufe zu tätigen. Sie hat einen durchgetakteten Alltag und oft wird auch ihr Nachtschlaf gestört. Jahrelang hat Bettina die Zähne zusammengebissen. Im Hintergrund nagte die Enttäuschung an ihr. Das hat ihr und ihrer Familie nicht gutgetan. Durch eine gesundheitliche Krise bekam sie den Anstoß, sich ihrer Unzufriedenheit zu stellen.

Die Begabungen

Anna hat immer davon geträumt, eine leitende Position in einer Kirchengemeinde auszufüllen. Sie hat es auch ausprobiert, aber Schiffbruch erlitten: Ihr Alltag war eine einzige Qual, weil sie in ständiger Selbstüberforderung lebte. Die vielen Sitzungen lagen ihr nicht, Entscheidungen fielen ihr schwer. Irgendwann kam die ehrliche und desillusionierende Erkenntnis: „Ich bin nicht die Frau, die Visionen vorantreiben kann. Ich arbeite besser im Team." Diese Erkenntnis führte dazu, dass sie den Mut bekam, die Aufgabe abzugeben. Sie musste sich mit den Gaben aussöhnen, die sie von Gott bekommen hatte.

Die Gesundheit

Saskias Leben sieht aufgrund von CFS (chronisches Erschöpfungssyndrom) völlig anders aus als das ihrer Altersgenossinnen. Schon die Körperpflege bedeutet eine große Anstrengung für sie, geschweige denn Hausarbeit oder ein Besuch. Sie musste lernen, sich der Diagnose „chronisch krank" zu stellen. Ein langer Weg! Heute kann sie ihre Kräfte einschätzen, hat sich von vielen unrealistischen Zielen verabschiedet und nutzt die Möglichkeiten, die ihr bleiben: Sie pflegt ihre Beziehung zu Gott, sie hält – auch über soziale Medien – Kontakt zu einigen Freunden, und sie ist dankbar, wenn sie an manchen Tagen die Waschmaschine anstellen kann. Mehr geht oft nicht.

Diese und andere Herausforderungen wie Finanzen, Arbeitslosigkeit oder zerbrochene Beziehungen laden zur Versöhnung ein. Warum? Damit wir nicht stecken bleiben im Vergleichen, Hadern und Ringen, in Unzufriedenheit, Bitterkeit und Unversöhnlichkeit; ja vielleicht sogar in inneren Verletzungen und psychosomatischen Erkrankungen.

Versöhnung heißt, Frieden zu schließen

Was bedeutet es eigentlich, sich zu versöhnen? Die gebräuchlichste Verwendung des Ausdrucks ist, nach einem Streit wieder Frieden zu schließen. Es geht also um andere und um uns selbst. Und warum? Damit viele innere Kämpfe beendet werden können. Christen wissen, dass Versöhnung der Schlüssel zu einem gelingenden Leben ist. Gott hat sich die Versöhnung mit uns Menschen viel kosten lassen. Er hat sich dafür sein Bestes vom Herzen gerissen, nämlich seinen Sohn Jesus Christus. Versöhnung war vor zweitausend Jahren ein tiefes Eingreifen Gottes in unsere Welt und ist es heute noch, wenn sie in unserem persönlichen Leben geschieht. Versöhnung ist ein Geschenk des Himmels.

Für viele Menschen wie Anna, Saskia oder mich waren mehrere Schritte dazu nötig. Einige möchte ich vorstellen:

1

Nicht allein kämpfen.

Professionelle Hilfe wie Seelsorge oder eine Psychotherapie kann sehr nützlich sein. Das ist die passende Begleitung, will man einen langen Weg erfolgreich durchlaufen. Ich selbst hatte zunächst Vorbehalte und habe dann enorm davon profitiert. Ich fand eine erfahrene Frau, mit der zusammen ich manches hinter mir lassen konnte. Gleichzeitig konnte ich Handwerkszeug für die Zukunft erarbeiten.

2

Sich Zeit geben.

Meine Versöhnungsarbeit hat viele Jahre gedauert. Da gab es wunderbare Fortschritte und immer wieder Rückschritte. Die Herausforderung bestand darin, nicht aufzugeben. Deshalb möchte ich andere ermutigen, sich die Zeit zu nehmen, die sie brauchen. Die Seele hat ihr eigenes Tempo.

3

Fokussiert nach vorn schauen.

Der „große Brocken" gibt das Ziel vor. Meine wichtigsten Ziele waren: zu mir stehen; hineinwachsen in meine Identität als Frau und Mutter; innere Unabhängigkeit von anderen Menschen, vor allem von meiner Herkunftsfamilie, entwickeln. Immer wieder musste ich innehalten und mir die Frage stellen: Habe ich meine Ziele vor Augen?

4

Gott als Menschenversteher mit ins Boot nehmen.

Von Anfang an habe ich Gott in meine Versöhnungsarbeit miteinbezogen. Zunächst war es mehr ein verzweifelter Hilfeschrei. Ich hatte keine Hoffnung mehr für mein Leben. Für mich unerwartet, hat er einige Wochen später deutlich eingegriffen und zu mir geredet und es in den folgenden Jahren immer wieder getan. Das hat mich ergriffen, mich verändert, meinem Glauben Tiefe geschenkt, mich manchmal zu Tränen gerührt, mich sprachlos gemacht oder befreit auflachen lassen. Gott ist der Menschenversteher schlechthin. Niemand kennt unsere Tiefen besser. Das fasziniert mich an ihm. Es kann entscheidend sein, ihn in eine persönliche Entwicklung einzuladen.

Aus Versöhnung entsteht Segen

Mir passiert es häufig: Ich begegne Menschen, staune über ihre Ausstrahlung, ihre Fröhlichkeit, ihr Vertrauen und ihre Hoffnung. Dann erfahre ich mehr von ihnen und bin sprachlos über das, was hinter ihnen liegt. Versöhnte Menschen sind nicht stehen geblieben bei dem Schmerz, der Bitterkeit, dem Frust, der Hoffnungslosigkeit. Irgendwann hat sich der Schmerz in Segen gewandelt. Durch die Versöhnung mit sich selbst sind sie frei geworden für andere.

Sarah hat gelernt, ihre umfangreichen Kapazitäten für andere einzusetzen. Sie engagiert sich ehrenamtlich in einer Ortsgemeinde und in einem Flüchtlingsprojekt.

Saskia hat gelernt, ihre wenigen Kapazitäten für sich und andere einzusetzen. Meistens strahlt sie Zufriedenheit aus und spiegelt die Liebe Gottes wider.

Und ich? Ich habe gelernt, in meine Berufung hineinzuwachsen und mit meinen Gaben anderen zu dienen.

Versöhnung mit den eigenen Brüchen schenkt Glück, Erfüllung und Heil. In einem Menschen wird etwas wiederhergestellt oder gar von Gott schöpferisch neu gestaltet, indem Gaben entstehen und Einfluss wächst. Aber Versöhnung ist kein Selbstzweck. Sie ist nicht nur dazu da, damit wir es schön haben, sondern auch, damit wir wirksam sind für andere. Befreit für unsere Aufgaben in der Welt!

Kerstin Wendel ist deutschlandweit als Autorin, Referentin und Seminarleiterin unterwegs.

Versöhnte Menschen

sind nicht stehen geblieben bei dem Schmerz,

der Bitterkeit, dem Frust,

der Hoffnungslosigkeit.

Irgendwann hat sich der Schmerz

in Segen gewandelt.

Herbstspaziergang

Nebel bedeckt die Felder. Die ersten gefallenen Blätter rascheln unter meinen Füßen, die kühle Morgenluft färbt meine Wangen rot. Normalerweise liebe ich Spaziergänge in dieser Zeit des Jahres – wenn sich der Sommer für sein Abschiedslied noch einmal von der schönsten Seite zeigt, während der Wind in den Baumwipfeln schon den Herbst ankündigt. Alles Leben scheint langsam zur Ruhe zu kommen. Aber in mir ist es laut. Meine Gedanken kreisen immer wieder um die gleichen Dinge: Fehler, die ich gemacht habe. Menschen, die ich enttäuscht oder verletzt habe. Worte und Gefühle, für die ich mich selbst Jahre später noch schäme. Gerade dann, wenn es um mich herum leise wird und ich Zeit habe, in mich hineinzuhören, kriechen die Selbstzweifel hervor und schleudern mir eine Anklage nach der anderen entgegen. Während die Sonne beginnt, die Landschaft um mich herum in ein warmes Licht zu tauchen, versinke ich im dunklen Gedankenstrudel.

Nach einer Weile nehme ich wahr, wie sich der Nebelschleier auf den Wiesen nach und nach lichtet, und halte für einen Moment inne. Der Anblick erinnert mich an einen Bibelvers, den mir eine Freundin vor Kurzem ans Herz gelegt hat. Darin sagt Gott: „Eure Schuld und alle eure Sünden habe ich euch vergeben. Sie sind verschwunden wie Wolken, wie Nebelschwaden in der Sonne. Kommt zurück zu mir, denn ich habe euch erlöst!" (Jesaja 44,22). Was auf meiner Seele wie ein schwerer Stein lastet, ist für Gott wie Nebel, den er mit einer Handbewegung in Nichts auflösen kann. Wenn er mich von Schuld befreit, bin ich wirklich frei. Es gibt sie nicht mehr. Gott verschwendet keinen einzigen Gedanken mehr daran.

Ich habe zugelassen, dass Scham und Schuldgefühle mich wieder gefangen nehmen und mir meinen inneren Frieden rauben. Wenn mir diese finsteren Gedanken die Sicht vernebeln, verliere ich die Wahrheit schnell aus den Augen. Ich hebe meinen Blick und genieße es, wie die hellen Sonnenstrahlen meine Nase kitzeln. Im Licht der Vergebung verblasst jede meiner Sünden.

Der Herbst malt uns jedes Jahr vor Augen, dass im Loslassen eine Schönheit liegt. Darin möchte ich mich üben. Ich möchte Jesus bringen, was mich belastet. Um Verzeihung bitten, wo es noch nicht geschehen ist. Weghören von den höhnischen Stimmen in meinem Kopf, die mir wieder und wieder meine Fehler vor Augen halten, und stattdessen hinhören auf das liebevolle Flüstern Gottes in meinem Herzen, der meiner Schwäche wieder und wieder mit unendlicher Gnade begegnet.

Deborah Pulverich

Noch nicht

Frieden ist noch nicht, dass keine Tränen mehr fließen,
sondern dass es EINEN gibt, der sie ernst nimmt und trocknet.

Frieden ist noch nicht, dass das, was uns Angst macht, seinen Schrecken verliert,
sondern dass der EINE im Moment des Grauens bei uns bleibt.

Frieden ist noch nicht, dass Schmerzen nicht mehr wehtun,
sondern dass EINER versteht, weil er selbst gelitten hat.

Frieden ist noch nicht, dass böse Erinnerungen nicht mehr quälen,
sondern dass der EINE am sicheren Ort auf uns wartet
und liebevoll die Wunden berührt.

Frieden ist noch nicht, dass alles Wünschen und Sehnen
schon zur Ruhe gekommen ist,
sondern dass nichts uns von SEINER Liebe trennen kann.

Frieden ist noch nicht, dass wir auf alle Fragen eine Antwort haben,
sondern dass sie uns in SEINE Nähe treiben.

Frieden ist noch nicht, dass wir Menschen aufhören, einander zu bekriegen,
sondern dass EINER sein Leben gelassen hat,
um den Weg zur Versöhnung zu zeigen.

Frieden ist noch nicht, dass Einsamkeit die Seele nicht mehr gefrieren lässt,
sondern dass im Gespräch und der Beziehung zu IHM neues Leben erwacht.

Frieden ist Hoffnung,
dass ER eines Tages aus dem „Noch-nicht" ein „Jetzt-schon" machen wird.

Andrea Brickey

Ich will mich in Frieden
hinlegen und schlafen,
denn du allein, Herr, gibst mir
Geborgenheit.

Psalm 4,9 (Neues Leben)

Die *Unruhe* in mir

Es gibt diese Zeiten, in denen unsere Seele einfach „unruhig" ist, wie es in Psalm 42 und 43 beschrieben wird. Die Seele versucht, sich bemerkbar zu machen – und wird manchmal nicht verstanden.

Vielleicht denken wir dann: Ich weiß auch nicht, was in letzter Zeit mit mir los ist, aber ich bin irgendwie genervt. Dieses „Genervtsein" zeigt sich oft nicht durch ein klares, eindeutiges Gefühl, sondern eher durch eine Gefühlsmischung. Da ist etwas Wut dabei und etwas Trauer, aber vielleicht auch Neid und Unzufriedenheit. Dazu gesellen sich ein paar Grundhaltungen, die wir so mit uns tragen, beispielsweise Ungeduld oder Lustlosigkeit oder Sorgen und Befürchtungen.

Unsere Seele braucht Raum, um sich wohlzufühlen. Sie braucht zunächst einmal Raum in uns, einen vertrauten Raum, eine Heimat. Dort darf sie sein, so wie sie ist. Unsere Seele zeigt sich durch Gefühle und spricht durch Gefühle. Wollen wir unserer Seele etwas Gutes tun, sollten wir unsere Gefühle zulassen, wahrnehmen und ihnen zuhören. Wut und Zorn können uns auf Verletzungen hinweisen, Angst auf eine Bedrohung und Trauer auf einen Mangel oder Verlust. Wenn man das so beschrieben vor sich sieht, erscheint das ganz klar und einfach.

Aber was tue ich, wenn ich so undefiniert „genervt" bin? Wie helfe ich meiner Seele, wenn sie unruhig ist? Wenn seelische Unruhe sich durch körperliche Unruhe äußert, ist Bewegung ein sehr gutes Mittel. Die Seele und der Körper sind ein Team. Wenn der Körper nach einem langen Spaziergang seine Anspannung

verliert und zur Ruhe kommt, können sich auch Se ... und
unser Gedankenkarussell macht einmal Pause.

Während des Spaziergangs kann der Geist
Was hat mich aufgeregt oder traurig gemac
oder unverhältnismäßig? Was genau treibt
oder ist es die Summe von mehreren Ere
sie Aufmerksamkeit von uns bekommt
muss jetzt gehen, oder auch: Gefühl

Der Seele zuhören

Es tut unserer Seele gut, wenn wir innerlich mit uns im Gespräch sind. Was will mir meine Seele sagen? Was bemerkt mein Körper schon eine ganze Weile? Und wie ordnet mein Geist das Ganze eigentlich ein, wenn ich es mal in Ruhe betrachte? Vielleicht kommt jetzt der Gedanke: Also, das ist mir zu kompliziert, das alles kann ich nicht immer im Blick haben. Ja, wir Menschen sind ganz schön komplex, und das kann eine lange Liste von Problemen verursachen. Aber da wir so komplex sind, gibt es genauso viele verschiedene Lösungsansätze. Wir sind einzigartige Persönlichkeiten und daher brauchen wir individuelle Lösungen. Wenn der Leidensdruck aktuell nicht zu groß ist, kann es durchaus Spaß machen, sich auf eine Entdeckungsreise zu begeben und die eigene Persönlichkeit und damit auch die eigene Seele kennenzulernen. Was sind typische Gefühle, die bei mir oft vorkommen? Mag ich sie oder sind sie mir eher lästig oder peinlich?

Es ist ein großes Geschenk, wenn man einen Menschen hat, mit dem man sich über solche Seelenregungen austauschen kann. Dann kann man bei aller Individualität doch Gemeinsamkeiten entdecken. Und man kann Anregungen bekommen, wie dieses oder jenes bewertet und eingeordnet werden kann.

Unsere Seele sehnt sich nach der richtigen Mischung aus Struktur und Freiraum. Denn sie möchte nicht nur nett eingekuschelt auf dem Sofa sitzen. Sie möchte nach außen wirken. Sie möchte sich ausdrücken, in Gefühlen, aber auch in Sprache und im Gestalten unseres Lebensraumes. Das betrifft nicht nur künstlerisch tätige Menschen. Wir alle möchten kreativ sein, indem wir etwas gestalten und schaffen. Wir lieben dieses Gefühl, das sich einstellt, wenn wir etwas nicht nur geschafft, sondern „geschaffen" haben. Da zeigen sich Freude und Glück. Dann geht es der Seele richtig gut. Unsere Seele genießt es, wenn sie Dinge oder Umstände beeinflussen kann.

Sehnsucht nach Beziehung

Am meisten sehnt sich unsere Seele jedoch nach Beziehung zu anderen Lebewesen. Schon eine Begegnung mit einem Tier in der Natur lässt uns manchmal fröhlich werden. Noch mehr genießen wir vertraute Haustiere. Eine gelingende Beziehung zu einem Menschen – beispielsweise zu einer Freundin, Schwester oder einem Partner – bringt die Seele zum Aufblühen. Im Idealfall ist das eine Beziehung, in der ich auf Augenhöhe und mit Respekt angesehen werde und dadurch Ansehen und Würde erfahre. So erfahre ich erfülltes Leben.

Die Seele möchte sich entfalten – wie ein Vogel seine Flügel entfaltet, um zu fliegen. Meine Seele fliegen lassen, das ist etwas, das nicht so oft vorkommt. Aber wenn du dieses Gefühl kennst, dann hast du jetzt vielleicht einen Vogel vor Augen, der durch die Luft schwebt und seine Kreise zieht. Das tut unserer Seele so richtig gut. Das erleben wir, wenn wir uns durch eine freie Lebensgestaltung und wohltuende Beziehungen verwirklichen können.

Der Psalmist hat noch eine weitere Möglichkeit formuliert: der Sehnsucht nach Gott nachgehen. Er beschreibt diese Gottessehnsucht wie Durst, also ein starkes und existenzielles Bedürfnis. Dieser Durst wird gelöscht durch das Erleben der Gegenwart Gottes. Dann bekomme ich als geschaffene Seele das Ansehen und die Würde, die mir nur mein Schöpfer verleihen kann. Also empfiehlt der Psalmist seiner unruhigen Seele: „Harre auf Gott" (Luther). Das bedeutet doch: dieser Sehnsucht nachzugehen und auf Gott zu warten – bis er sich zeigt. Unsere Seele wurde für das Leben in der Gegenwart Gottes geschaffen. Hier kann sie ganz zur Ruhe kommen. Und der Psalmist ist sogar sicher, dass er Gott noch danken wird, egal, was den Unfrieden in seiner Seele bewirkt hat.

Ein solcher Umgang mit einer unruhigen Seele ist sicherlich nicht einfach. Diese Kommunikation muss man üben – die Kommunikation mit der Seele und die Kommunikation mit dem Schöpfer dieser Seele. Vielleicht kann dir beim nächsten inneren oder äußeren Spaziergang der folgende Vers eine Hilfe sein: „Nun kann ich wieder ruhig werden und sagen: ‚Der Herr hat mir Gutes erwiesen!'" (Psalm 116,7).

Ursula Hauer lebt mit ihrer Familie in Stuttgart und ist christliche Lebensberaterin.

Die *Seele* möchte sich entfalten –

– wie ein Vogel seine Flügel entfaltet,

um zu fliegen.

Alles finde ich *in dir*

Jesus,
ich brauche deinen Frieden.
In mir ist häufig so viel Streit, eine friedlose Unruhe meiner Seele.
Ich brauche deinen Trost.
In mir sind manchmal so viele ungeweinte Schmerzen-Trauer-Tränen.
Ich brauche deinen Beistand,
denn immer wieder erlebe ich das Gefühl des Alleingelassenseins.
Ich brauche deine Hoffnung,
so leicht werde ich verzagt, mutlos und ängstlich.
Ich brauche deine Kraft,
ich erlebe es immer wieder: Für so vieles bin ich zu schwach.
Ich brauche deinen Segen,
deine Hände, die sich auf meinen Kopf und um mein ängstliches Herz legen.

Nur in deinem Frieden findet meine Seele Ruhe.
Nur von dir getröstet kann ich getrost sein.
Nur durch die Gewissheit deiner Treue verliert sich
mein gefühltes Alleingelassensein.
Nur mit deiner Hoffnung habe ich Lebensmut.
Nur mit deiner Kraft kann ich im Alltag bestehen.

All das finde ich in dir, der meine kleine Lebenswelt in seinen Händen hält.

Antje Schering

Ganz im Hier und Jetzt sein

„Ganz im Hier und Jetzt sein", sagte Denise Herrmann, die Olympiasiegerin im Biathlon, auf die Frage, was ihr Erfolgsrezept sei. „Beim Laufen nicht ans Schießen denken, beim Schießen nicht ans Laufen denken." Ich war berührt, als ich diese Antwort in einem Interview hörte. Bei mir ist das oft anders, überlegte ich. Beim Einkaufen denke ich schon an die Arbeit, die zu Hause auf mich wartet. Beim Bügeln an den Termin in der Autowerkstatt. Beim Gespräch mit der Freundin an die Nachrichten auf dem Handy. Auf dem Weg zur Arbeit an die Begegnung mit dem Chef. Beim Spaziergang an die nächste Andacht im Hauskreis. Bei der Predigt an die Diskussion am Telefon. Doch der Gedanke, mehr im Hier und Jetzt zu leben, fasziniert mich. Er wirkt erholsam.

Natürlich ist unsere Gegenwart nie völlig losgelöst von unserer Vergangenheit und unserer Zukunft. Immer wieder müssen wir Zurückliegendes verarbeiten und loslassen, dürfen von vergangenen Erfahrungen zehren, Pläne für das Morgen schmieden und in der Vorfreude auf zukünftige Ereignisse schwelgen. Die Frage ist jedoch, ob ich mich von dem, was hinter mir liegt, unnötig umtreiben lasse oder mich um das, was auf mich zukommt, übermäßig sorge.

Vielleicht gilt das besonders für eine Zeit, die sich für viele Menschen unsicherer anfühlt als frühere Zeiten. Wer hätte vor einigen Jahren gedacht, dass regionale und globale Krisen unser Leben durchrütteln? Was lange selbstverständlich

war, wird schlagartig infrage gestellt. Vielleicht trauern wir manchmal den „guten alten Zeiten" nach, blicken angstvoll in die Zukunft, machen uns Sorgen um das Morgen und Übermorgen. Und bei dem, was uns durch den Kopf geht, lässt sich nicht so einfach ein Ausschaltknopf drücken: Die Gedanken wandern, kreisen, lassen sich nicht einfangen. Angesichts von Krisen und Bedrohungen scheint es immer herausfordernder zu werden, im gegenwärtigen Moment zu leben, vielleicht aber auch immer notwendiger und wohltuender.

Von Kindern lernen

Ich möchte es neu lernen, dieses Gegenwärtig-Sein. Zum Beispiel von Kindern. Vor vielen Jahren leistete ich einmal einem vierjährigen Jungen beim Playmobilspielen Gesellschaft. Er spielte, ich saß daneben. Piratenschiff, Insel, Schatzkisten, bestens gewappnete Piraten – und dieser kleine Junge mittendrin in seiner Welt. Mehr brauchte er nicht. Minute um Minute verging, er war versunken in die Eroberung der Schätze, war ganz gegenwärtig in seinem Spiel. Ich saß still daneben. Eine ganze Weile später drehte er sich zu mir um, lächelte erstaunt und meinte: „Ach, du bist ja auch da!"

Ich liebe solche kindlichen Momente mitten im Erwachsensein. Momente, in denen ich alles um mich herum und sogar mich selbst vergesse. Momente der völligen Präsenz. Momente, in denen ich in dem begrenzten Raum und dem kleinen Zeitfenster namens Gegenwart verweilen kann. Momente, in denen ich ganz fokussiert und hingegeben bin, mit Leidenschaft das Hier und Jetzt auskoste. Jesus lädt uns ein, wie die Kinder zu werden (Matthäus 18,3). Vielleicht dachte er dabei auch an so ein selbstvergessenes Leben ganz im Hier und Jetzt.

Ich habe entdeckt: Den Weg in die Gegenwart kann mir mein Körper weisen, denn er ist immer in der Gegenwart. Ich spüre jetzt nicht den Kopfschmerz von gestern, die wärmenden Sonnenstrahlen oder die Massage von vergangener Woche. Ich nehme jetzt nicht die Orchesterklänge des morgigen Konzerts, den

Duft des Mittagessens und die Umarmung von morgen wahr. Mein Körper ist immer im Hier und Jetzt. Er kann mich an die Hand nehmen und in die Gegenwart führen. Wenn ich mit meiner Aufmerksamkeit bei meinem Körper bin, seine Bewegung und seine Haltung wahrnehme, beim Sport, beim Tanz, beim Spaziergang, aber auch das, was zwickt und kneift, werde ich in die Gegenwart gezogen. Denn körperliche Wahrnehmung, Sinneswahrnehmung, geschieht nur in der Gegenwart. Selbst bei den routinierten Handlungen, beim Zwiebelschneiden und Wäscheaufhängen, kann ich auf meine aktuelle körperliche Tätigkeit fokussiert sein. Ich muss nicht versuchen, mich mit Multitasking selbst zu überbieten, mit dem Telefon am Ohr oder dem Podcast, der nebenbei läuft. Ich übe, immer schön eins nach dem anderen zu machen – in der Gegenwart.

Dem „Ich-bin-da“ begegnen

Mein eigenes Gegenwärtig-Sein kann mir helfen, mit der Gegenwart Gottes in Berührung zu kommen. Gott stellt sich Mose mit einem besonderen Namen vor, der uns sein Da-Sein verheißt: „Ich bin, der ich bin“, manchmal auch übersetzt mit „Ich bin der Ich-bin-da“ oder „Ich bin für dich da“ (2. Mose 3,14). Ja, Gott ist bei den Menschen, er wohnt bei ihnen. Anwesend in einer Wolken- und Feuersäule, führt er das Volk Israel aus Ägypten. Josua sagt er mehrfach zu, dass er bei ihm bleibt: „Ich will dich nicht verlassen noch von dir weichen“ (Josua 1,5). Jesus verspricht den Jüngern über seine leibliche Präsenz auf Erden hinaus seine Gegenwart: „Siehe, ich bin bei euch alle Tage bis an der Welt Ende“ (Matthäus 28,20). Und die Offenbarung verheißt uns die Gegenwart Gottes bis in alle Ewigkeit: „Er selbst, Gott mit ihnen, wird ihr Gott sein“ (Offenbarung 21,3).

Gott, der Ich-bin-da, ist gegenwärtig. Die Frage ist, ob ich es auch bin. Der jüdische Religionsphilosoph Martin Buber drückte die Berührung zwischen meiner und Gottes Gegenwart einmal so aus: „Die Gegenwart ist der Mantelsaum Gottes.“ Ein Mantelsaum ist etwas Konkretes, Greifbares. Wenn ich die Gegenwart erfasse, kann sie mir einen Weg bahnen, Gottes Gegenwart zu erfahren – seine heilsame, Frieden stiftende, tröstende, aufrüttelnde, liebende Gegenwart. Sein Ich-bin-da.

Atmen und beten

Konkret wird das in meinem Alltag auf unterschiedliche Weise. Zum Beispiel in der Verknüpfung von Körperwahrnehmung und Gebet: Ich kann meinen Atem, so wie er kommt und geht, immer wieder mit den schlichten Gebetsworten verbinden: „Du bist da." Oder: „Du bist da – ich bin da."

Manchmal nehme ich mir eine Viertelstunde Zeit, um das Gegenwärtig-Sein zu üben. Ich nehme mich wahr, wie ich jetzt da bin in meinem Körper, richte meine Aufmerksamkeit auf meinen Atem, die Berührung mit der Sitzfläche, meine Körperhaltung. Dass die Gedanken dabei immer wieder wegdriften, ist normal. Dann erinnere ich mich behutsam und freundlich an Gottes Gegenwart, immer wieder begleitet von Worten und Gedanken wie:

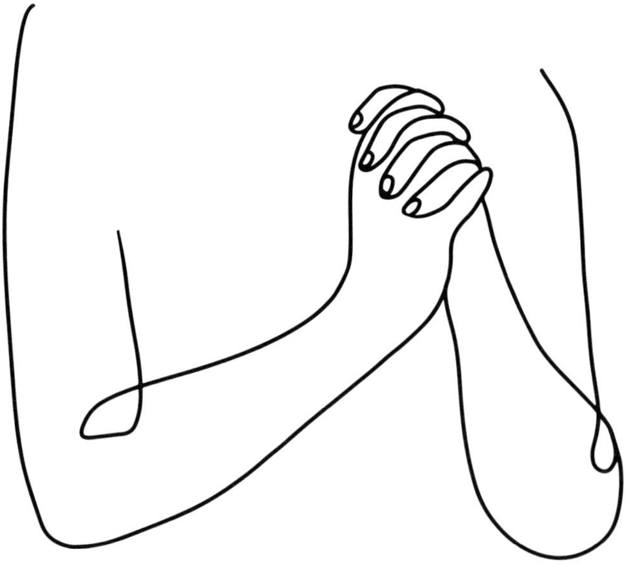

Du bist da, Gott, bist gegenwärtig, anwesend, hier und jetzt.

Du bist der Ich-bin-da. Und ich bin jetzt auch da.

Ich darf jetzt einfach sein. Da sein.
In deiner Gegenwart und in meiner Gegenwart.

Ich sehne mich danach, deine Gegenwart zu erfahren.

Gedanken stürmen auf mich ein, die mir einreden,
dass ich nicht zur Ruhe kommen werde. Ich darf sie ziehen lassen.

Hilf mir, einfach bei dir zu sein mit meiner Freude, meiner Angst,
meiner Lust am Leben, meiner Traurigkeit, meiner Leidenschaft,
meiner Müdigkeit, meiner Begeisterung.

Ich sage dir jetzt nicht meine Wünsche und Nöte,
sondern bin einfach da, mitsamt meinen Wünschen und Nöten.

Lass mich das Geheimnis deiner Gegenwart erfahren.

Aufmerksam im Alltag

Manchmal blitzt die Erinnerung an Gottes Da-Sein ganz unverhofft mitten in meinem Leben auf. Wenn ich nachts wachliege: „Du bist da … Ob ich wache oder schlafe, du bist bei mir." Wenn ich meinen Blick bei einem Spaziergang über eine weite Landschaft schweifen lasse: „Du bist da … Du hast das wunderbar gemacht." Wenn ich Angst vor dem Morgen habe: „Du bist da … heute und morgen." Wenn ich nach einem konfliktreichen Telefonat den Hörer auflege: „Du bist da … kannst Einsicht schenken, auch mir." Wenn ich mit einer Tasse Kaffee in der Hand auf dem Sofa sitze: „Du bist da … Lass uns zusammen diesen Moment genießen." Wenn ich mich schäme: „Du bist da … blickst mich voller Liebe an." Wenn ich von schönen Entwicklungen überrascht bin: „Du bist da … freust dich mit mir."

So taste ich mich immer wieder heran, im bewussten Gegenwärtig-Sein die Geborgenheit bei Gott wahrzunehmen. Und entdecke, wie wohltuend es ist, ganz im Hier und Jetzt zu sein. Denn mein Hier und Jetzt ist zugleich das Hier und Jetzt dessen, der mir voller Liebe zusagt: „Ich bin da."

Catrin Walz ist freiberufliche Kursleiterin und Referentin. Ihr Da-Sein im Hier und Jetzt übt sie gern zu Hause in Aschaffenburg ein und unterwegs oder online bei Seminaren gemeinsam mit anderen Menschen.

Gott, der Ich-bin-da, ist

gegenwärtig.

Die Frage ist,

ob ich es auch bin.

Eine praktische Atemübung

Setz dich ruhig hin, zum Beispiel auf einen Gebetshocker.

Achte auf eine gerade Haltung.
Du kannst auch stehen, wenn dir das angenehmer ist.

Tritt in Kontakt mit deinem Körper, indem du nach und nach in alle deine Körperteile hineinfühlst.

Leg eine Hand auf deine Brust und die andere auf deinen Bauch.
Zähle die Atemzüge pro Minute, und achte darauf, ob du eher in die Brust oder in den Bauch atmest.

Beginne nun, ganz bewusst in den Bauch zu atmen, sodass die Hand auf der Brust sich kaum mehr hebt und senkt, sondern nur noch die Hand auf dem Bauch.

Versuche, einen Rhythmus zu finden, bei dem das Ausatmen etwa eineinhalbmal so lange dauert wie das Einatmen, zum Beispiel vier Sekunden einatmen, sechs Sekunden ausatmen.

Beim Einatmen kannst du an Gottes Liebe denken und dir vorstellen, wie sie in dich hineinströmt. Beim Ausatmen darfst du alles loslassen, was dich belastet.

Lebensatem

Das Wort „Atem" kommt in der Bibel immer wieder vor. Gott hauchte Adam den Lebensatem ein (vgl. 1. Mose 2,7). Das hebräische Wort für „Atem" lautet *ruach* und kann auch mit „Geist" übersetzt werden. Gott blies also seine *ruach* in den Menschen hinein. Und Gott selbst ruhte am siebten Tag, um aufzuatmen, wie es in der Einheitsübersetzung heißt (vgl. 2. Mose 31,17). Am siebten Tag wurde also die Ruhe geschaffen, von der aus wir der Welt begegnen dürfen. Und Gott ist es wichtig, dass wir uns diese Atempause nehmen (vgl. 2. Mose 23,12).

Mirjam van der Vegt

Mein Zufluchtsort

Eine noch! Schließlich hatte ich heute sonst kaum Zeit für mich und diese Folge hat wieder so einen fiesen Cliffhanger … Ich lasse die Sekunden herunterzählen und starre weiter auf den Bildschirm. 45 Minuten später kuschle ich mich müde in meine Decke und schließe die Augen.

So sahen meine Abende bis vor einigen Wochen häufig aus. Manchmal schaute ich eine Serie oder einen Film auch nebenbei, während ich noch irgendetwas im Haushalt oder am Laptop erledigte, oder eben zu später Stunde, wenn der Tag angefüllt gewesen war und ich mir zumindest noch ein kleines bisschen „Me-Time" gönnen wollte.

Doch irgendwann musste ich mir eingestehen, dass diese ständige Berieselung gar nicht die ersehnte Entspannung brachte. Die Staffeln meiner Lieblingsserien hatte ich längst alle gesehen, und so zappte ich mich durch alle möglichen Titel, die vielleicht nicht ganz meinen Geschmack und meine Ansprüche trafen, aber zumindest etwas Unterhaltung und Ablenkung versprachen. Netflix & Co. waren zu meinem Zufluchtsort geworden, wenn ich unruhig, traurig oder einfach nur erschöpft war.

Fernseh-Fasten

Das wird mir klar, als die Fastenzeit bevorsteht – sieben Wochen vor Ostern, in denen viele Christen auf etwas verzichten, um sich bewusst mehr Zeit für Gott zu nehmen. Auf einem Blog lese ich dazu: „Unsere überladenen Seelen brauchen Zeit im Gebet und mit Gottes Wort, damit wir uns auf Gott ausrichten können. Er allein kann die Leere in unseren Herzen füllen, die wir immer wieder bewusst oder unterbewusst mit anderen Dingen zu füllen versuchen."

Spontan entscheide ich mich, sieben Wochen auf alle Streamingdienste zu verzichten. Ich nehme mir vor: Statt der Fernbedienung möchte ich ein Buch in die Hand nehmen, wenn ich das Bedürfnis nach Entspannung habe. Statt den „Play"-Button für ein Video zu drücken, möchte ich beten. Und statt meinen inneren Lärm mit Beschallung von außen zu übertönen, möchte ich versuchen, Stille auszuhalten, und mit dem, was mich beschäftigt, zu Gott kommen.

In der ersten Woche fällt es mir leichter als gedacht. Doch zu Beginn der zweiten Woche habe ich einen ziemlich harten Tag. Auf der Arbeit ist es stressig und manche Themen gehen mir am Abend noch nach. Während ich darüber nachdenke, fallen mir noch viele andere Dinge ein, die mir aktuell Sorgen bereiten. Ein Gefühl der Enge legt sich um meine Brust. Nervös laufe ich in der Wohnung auf und ab und überlege, was ich tun könnte. Ich halte es gerade nicht aus, mit meinen Gedanken allein zu sein. Mein Blick fällt auf den Fernseher, und ich bin versucht, ihn einzuschalten, nur um mich zu beruhigen. Aber ich spüre deutlich: Das ist ein entscheidender Moment.

Nicht allein

Statt Netflix starte ich Spotify und suche nach Lobpreismusik – doch die Internetverbindung hängt. Ich schicke ein kurzes, genervtes Stoßgebet nach oben: „Was soll das denn jetzt, Jesus?" Frustriert mache ich mich auf den Weg in die Küche, um erst mal Wasser für eine Wärmflasche aufzusetzen. Ich versuche zu beten, finde aber keine Worte. Der einzige klare Gedanke, den ich fassen kann, ist, wie gern ich in diesem Moment wieder ein Kind wäre, das die Last der Welt noch nicht spürt. Ich sehne mich so sehr danach, mich einfach in die Arme des Vaters fallen zu lassen und mich dort sicher zu fühlen.

Inzwischen scheint das Internet wieder zu funktionieren, denn als ich zurück ins Wohnzimmer komme, läuft Musik. Es ist nicht das Lobpreislied, das ich ausgesucht hatte, und die Melodie kommt mir auch nicht bekannt vor. Ich mache es mir mit der Wärmflasche auf dem Sofa gemütlich, schließe die Augen und höre zu. Sofort bekomme ich Gänsehaut. Der englische Liedtext lautet übersetzt in etwa:

Du warst einst ein unschuldiges Kind
Und genau so sehe ich dich
Ich kenne deine Last
Aber du bist immer auf der Flucht
Atme ruhig, geh es langsam an
Wenn all deine Ängste auf dich niederprasseln
Hol ich dich tausendmal zurück zu mir
Du bist nicht allein
Du bist ein Teil von mir

Ich kann nicht anders, als laut zu schluchzen. Gerade noch war ich traurig darüber, dass ich nicht richtig beten konnte. Aber mein Vater im Himmel wusste auch ohne gesprochene Worte um meine Sehnsucht. Und schon im nächsten Moment antwortete er mir darauf: „Ich bin da. Komm, mein Kind, und ruh dich bei mir aus."

Diesen Abend verbrachte ich friedlich eingehüllt in Gottes Gegenwart. Wenn mich das nächste Mal Sorgen überrollen, weiß ich, an wen ich mich wenden kann – mein wahrer Zufluchtsort ist nicht einmal ein Gebet entfernt.

Deborah Pulverich

10 Lieder, um zur Ruhe zu kommen

1. **Peace**
   Bethel Music, We The Kingdom
2. **Oase**
   Outbreakband
3. **Your Wings**
   Lauren Daigle
4. **My Soul Is At Rest**
   Simply Taizé
5. **Im Zelt des Herrn**
   Timo Langner
6. **Frieden**
   Lari & Lukas Dopfer
7. **Circular Breathing**
   Ben Potter
8. **There Is A Peace**
   Harvest
9. **Von guten Mächten**
   Die Priester
10. **Pace e bene**
    Vokalensemble Elbcanto

Mehr Lieder gibt es auf der Playlist zum Buch.

Die *Wellen* bändigen

Ständig verfügbar sein. Keine Ruhe haben. Das kann ganz schön auslaugen. Auf der einen Seite liebe ich es so sehr, als Mama ein fester Halt in der Familie sein zu dürfen. Da zu sein, wenn ich gebraucht werde. Liebe zu verschenken, wenn die Sorge vor der nächsten Mathearbeit belastet. Ein trostvolles Küsschen zu geben, wenn das Knie aufgeschürft ist.

Gleichzeitig merke ich aber auch täglich, wie mich genau das so sehr erschöpft. Ständig erreichbar zu sein. Immer wieder bei dem, was ich gerade tue, unterbrochen zu werden. An manchen Tagen kann ich das Wort „Mami" zur Abendessenszeit echt nicht mehr hören.

Manchmal erwische ich mich dabei, dass ich das Bad als Rückzugszimmer gebrauche. Endlich die Möglichkeit, einen Schlüssel umdrehen zu können … Doch oft klappt selbst das nicht, und es dauert nicht lange, bis der Erste „Mami" schreiend an die Tür hämmert.

„Ruhe" ist nicht das geeignete Wort, um diese Lebensphase zu beschreiben. Ist es nicht oft das Gegenteil? Die Lautstärke in unserem Haus dürfte immer wieder besorgniserregende Höhen erreichen … Und doch glaube ich, dass Mütter „ruhevoll" sein können. Dass sie trotz all der Verpflichtungen, Unterbrechungen und der Lautstärke erfüllt von Frieden sein können. Nicht, weil die Umstände so ruhig und entspannend sind, sondern weil sie einen Gott an ihrer Seite haben, der ihr aufgewühltes und erschöpftes Herz beruhigt. Der sie mit seinem Frieden füllt, bis sie wirklich voller Ruhe sind. Auch dann, wenn der Familientrubel um sie weiter wie Meereswogen tobt.

Ich liebe die Szene in den Evangelien, in der die Jünger mit ihrem Boot in einen Sturm geraten. Die Wellen schlagen rechts und links um das Boot und alle

denken nur noch eins: Das war's! Wir sinken! Und Jesus? Der schläft friedlich – bis die Männer ihn in ihrer Angst wachrütteln.

Manchmal fühle ich mich in meinem Alltag ähnlich. Die Verpflichtungen knallen mir von links um die Ohren und meine To-do-Liste, der ich irgendwie nie gerecht werden kann, von rechts. Ich habe das Gefühl, in alldem zu versinken. Wie die Jünger. Und dabei vergesse ich – wie sie – so oft, wer eigentlich bei mir ist. Der allmächtige Gott, der alle Stürme dieser Welt bändigen und zur Ruhe bringen kann. Egal, ob es sich um haushohe Wasserwellen handelt oder um die Wellen, die meine kleine alltägliche Welt zum Wanken bringen.

Ich habe Jesus. Bei ihm kann ich zur Ruhe kommen. Ihm kann ich mein aufgewühltes, erschöpftes und gestresstes Herz hinhalten und erleben, wie er es mit seinem Frieden füllt.

Anne Löwen ist fünffache Mutter, Theologin und Buchautorin.

Frieden stiften

Vergeltet anderen Menschen nicht Böses mit Bösem, sondern bemüht euch allen gegenüber um das Gute. Tragt euren Teil dazu bei, mit anderen in Frieden zu leben, soweit es möglich ist!

Römer 12,18 (Neues Leben)

„Bitte *verzeih* mir!“

Klick, klack – das wohlbekannte Geräusch dringt an mein Ohr. Der Briefträger hat etwas gebracht. Da wir nicht nur Rechnungen und Werbung bekommen, sondern immer wieder auch schöne Post, schnappe ich mir den Briefkastenschlüssel und schließe auf.

Huch, was ist das denn? Auf dem Absender eines Briefes entdecke ich den Namen einer Frau, mit der ich seit Jahren keinen Kontakt mehr habe. Erinnerungen kommen hoch. Gute Stunden miteinander. Aber irgendwann auch ein schwieriger Abend, der für mich weinend endete. Ein Zerwürfnis. Ich habe nach dieser Auseinandersetzung einen Schlussstrich unter diese Freundschaft gezogen, weil ich mich unfair und aggressiv behandelt gefühlt habe. Damals sah ich keinen anderen Weg, als unsere Beziehung zu beenden. Und nun schreibt sie mir?

„Bitte verzeih mir!"

Was ich in den Händen halte, ist eine schlichte, ehrliche, freundliche Bitte um Verzeihung. Das finde ich wirklich krass. Es wirft mich regelrecht um, denn solche Post bekomme ich nicht jeden Tag. Was für ein starker Schritt vonseiten dieser Frau! Sie zeigt damit Reife, Weichheit, Stärke, Demut. Und mich wirft dieser Brief auch deshalb so um, weil Gott mich vorbereitet hatte. Wochen zuvor war mir ihr Name eingefallen. Ich hatte überlegt, ob noch etwas zu klären sei und, wenn ja, wie. Ich selbst war mir keiner Schuld bewusst (außer vielleicht, dass ich damals noch nicht reif genug war, um mit eher „aggressiveren Typen" freundschaftlich verbunden zu sein). Ich wollte trotzdem von Herzen gern, dass zwischen uns „alles gut" ist. Dass wir miteinander im Reinen waren. Und jetzt, als ich den Brief lese, weiß ich: Das war Gott, der mir da ihren Namen zugespielt hat! Er wollte, dass wir das Vergangene aus dem Weg räumen, freie Bahn schaffen.

Und das tun wir! Umgehend setze ich mich an den Schreibtisch, lasse Pflichten sausen, um zu antworten. Ich schreibe per E-Mail und per Brief, damit meine Reaktion sie auf jeden Fall erreicht. Mir ist es wichtig, ihr zu sagen, dass ich ihr nichts nachtrage. Ich will keine negativen Gedanken über sie hegen. Zwar hat mich diese Sache viele Jahre kaum beschäftigt, aber jetzt möchte ich komplett aufräumen. Es wird ein gesegneter Tag für uns beide. Denn wir werden von jetzt an frei und fröhlich sein können. Die Sache steht nicht länger zwischen uns.

Ein tägliches Gebet

Seit ungefähr zwei Jahren habe ich mir angewöhnt, das Vaterunser zu meinem täglichen Gebet zu machen. Warum? Weil Jesus es seine Jünger gelehrt hat. Es ist seine Gebets- und Lebensschule. Immer wieder sinne ich über seine Worte nach:

> Und *vergib uns* unsere Schuld,
> wie auch wir vergeben unsern Schuldigern.
>
> Matthäus 6,12

Zunächst passierte scheinbar nichts durch dieses Gebet. Ich lebte einfach mein Leben weiter. Aber dann wurden genau diese Worte zu einer Losung für mich. Sie wurden mir zum Wegweiser in meiner persönlichen Geschichte. Sie veranlassten mich zur Seelenhygiene in meinem Alltag.

Ich litt viele Jahre unter einer psychosomatischen Erkrankung, die sich bei mir in starken Rücken- und Kopfschmerzen zeigte. Für mich wurde irgendwann die Aufarbeitung meiner Vergangenheit zur Lebensaufgabe, die mich lange Zeit beschäftigt hielt. Dabei stieß ich auf eigene und auf fremde Schuld. Das zu erkennen, war schwer. Es hat mich emotional, körperlich und geistlich enorm gefordert, teils überfordert. Es ging für mich auch darum, mir enorm viel zu vergeben, womit ich mich selbst schädigte: Verhaltensweisen und Reaktionen in meinem

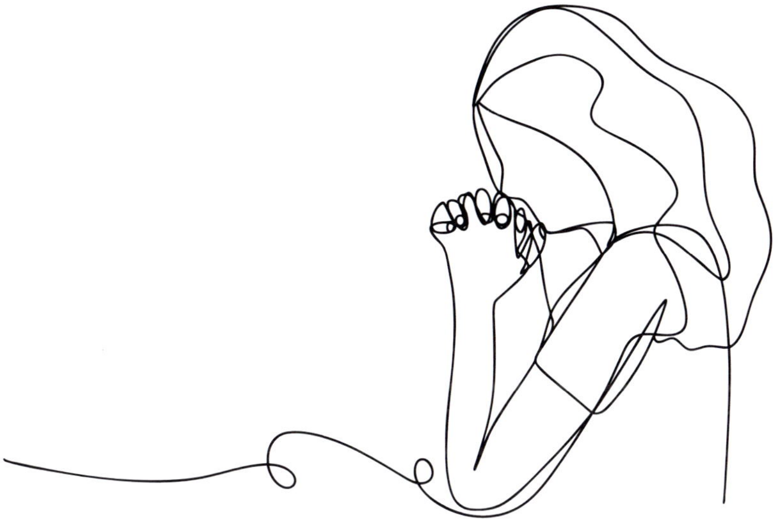

Alltag, die zerstörerisch waren. Entstanden durch Selbstüberforderung, aber auch durch nicht vergebene Schuld, die andere mir zugefügt hatten.

Immer wieder geriet ich in starke Überforderung. Es war wie ein innerer Zwang oder eine festsitzende schlechte Angewohnheit. Erst als ich die Hintergründe erkannte und anderen Menschen ihren Beitrag dazu vergeben konnte, wurde die Bahn frei für neue Verhaltensweisen in meinem Leben.

Beide Vergebungsbitten habe ich durchbuchstabiert: „Vergib uns unsere Schuld" (beispielsweise alles selbstschädigende Verhalten), „wie auch wir vergeben unsern Schuldigern" (beispielsweise den Menschen, die Mitverursacher der Überforderung in meinem Leben waren).

Heute achte ich auf meine Grenzen und steuere bewusst zeitnah gegen, wenn ich Gefahr laufe, sie zu überschreiten. Ich möchte nicht wieder zurück in die alten Gleise, die mir nicht gutgetan haben.

Loslassen und aufatmen

Sind das die einzigen Erfahrungen, die ich mit diesem Satz des Vaterunsers gemacht habe? Von wegen. Im vergangenen Sommer hatte ich mir eine Auszeit genommen. Am Ende von mehreren freien Wochen ohne Ehrenamt und Beruf hatte ich mich bei einem Werk für ein Auswertungsgespräch angemeldet, das Hauptamtliche in Auszeiten seelsorgerlich begleitet. Während dieser Tage konfrontierten meine Coaches mich mit der Frage, ob ich Menschen im Rahmen meiner Arbeit als Autorin und Referentin etwas zu vergeben hätte.

Im ersten Moment dachte ich: Da wird sich nichts finden. Läuft alles super bei mir. Ich stehe in gutem Kontakt mit vielen Menschen, sei es per E-Mail, Telefon oder vor Ort. Aber dann kamen andere Gedanken in mir hoch. Dieser und jener Name tauchte auf. Hier eine Bemerkung, die ich abbekommen hatte. Dort etwas, das nicht rundgelaufen war. Ich notierte mir Namen und Erlebnisse. In einer gemeinsamen Gebetszeit mit meinen Coaches brachte ich alles zu Jesus, konnte loslassen und wieder einmal befreit aufatmen. Wie gut! Wie entlastend! Wie stärkend!

Diese Erfahrung hat noch etwas anderes mit mir gemacht. Sie hat mich für Folgendes sensibilisiert: Ich erlebe immer wieder im Alltag, dass ich Schuld auf mich lade oder dass andere mir etwas schuldig bleiben. Das ist der Grund, warum Jesus diese Bitte in das Vaterunser integriert hat: Er kennt meine Natur. Er kennt unsere Natur. Wo Menschen miteinander unterwegs sind, da entsteht Schuld. Genauso gilt: Wo Menschen miteinander unterwegs sind, gehört Vergebung zum Tagewerk. Es ist wichtiger als die tägliche Zeit im eigenen Badezimmer. Es ist die Zeit, in der Jesus heilsam in unsere Beziehungen hineinkommt – als Friedensbringer, Aufdecker, Vergebender, Gemeinschaftsstifter, als Gott.

Vergebung setzt frei

Heute kann ich den Menschen, die an meinen großen Verletzungen beteiligt waren, frei begegnen. Ich trage nichts mehr nach. Es hat Jahre gedauert, bis ich innerlich so weit war. Narben gibt es trotzdem. Schwierige Erinnerungen auch. Aber keine belastende Schuld mehr.

Und die Auswirkungen in meinem Alltag? Durch Vergebung kann ich zeitnah in meinem Leben aufräumen. Ich kann wieder unbelastet mit Menschen in unserer Freikirche zusammenarbeiten, um Jesu willen. Oder ich kann in der Familie den Schatten, den eine Bemerkung von mir über die Beziehungen geworfen hat, ausräumen, damit wieder Freude, Vertrauen, Frieden zu spüren sind. Anklagen über mich oder andere werden ersetzt durch positive Gedanken. Wie schön!

Vergebung bedeutet nicht in jedem Fall ein Happy End. Durch den Brief, den ich bekam, wurden wir nicht wieder zu Freundinnen. Freundschaft passte für uns beide einfach nicht mehr.

Vergebung bedeutet auch nicht unbedingt Versöhnung. Es kann Auseinandersetzungen geben, in denen es nicht zur Verständigung kommt; Meinungsverschiedenheiten bleiben bestehen. Aber die Vergebung, die einzig und allein Jesus und seiner Liebe zuzuschreiben ist, die hat Kraft! Wo sie in Kränkungen, Verletzungen, Unverständnis, Anklage hineinwirken darf, da werden Menschenherzen weich. Grübeleien werden durch stärkende Gedanken ersetzt. Schranken zwischen Menschen können fallen. Warum das gelingen kann? Weil Gott Folgendes zugesagt hat: „Denn die Liebe Gottes ist ausgegossen in unsre Herzen durch den Heiligen Geist, der uns gegeben ist" (Römer 5,5; Neues Leben).

Kerstin Wendel ist deutschlandweit als Autorin, Referentin und Seminarleiterin unterwegs.

Wo Menschen miteinander
unterwegs sind, da entsteht *Schuld*.
Genauso gilt: Wo Menschen
miteinander unterwegs sind,
gehört *Vergebung* zum Tagewerk.

4 Irrtümer über Vergebung … und die befreiende Wahrheit

1

Vergeben heißt, das Handeln des anderen zu entschuldigen oder so zu tun, als sei ich nicht verletzt worden.

Vergebung bedeutet nicht, dass das, was der andere getan hat, in Ordnung ist. Was geschehen ist, wird nicht kleingeredet. Du musst nicht so tun, als habe es dir nicht wehgetan, als mache es dir gar nichts aus. Vergebung erkennt den Schmerz und die Schuld an – aber sie vergibt dem, der sich schuldig gemacht hat, und ermöglicht damit Heilung.

2

Bevor ich jemandem vergeben kann, muss ich mich auch danach fühlen.

Wenn du auf ein warmes Gefühl wartest, wirst du vermutlich lange warten. Vergebung hat wenig damit zu tun, wie ich mich fühle. Selbst wenn ich mich verletzt, betrogen oder wütend fühle, kann ich dem vergeben, der mich verletzt hat. Vergebung in biblischer Hinsicht ist eine Willenshandlung, eine Entscheidung. Danach immer noch Wut zu empfinden, ist menschlich. Aber ich kann darauf achten, diese Wut auf das Vergehen zu richten und nicht auf den Schuldigen selbst.

Wenn ich vergebe, entlasse ich den anderen aus der Verantwortung.

Vielleicht denkst du: Diese Person hat mir wirklich wehgetan! Wenn ich ihr jetzt einfach vergebe, hat ihr Verhalten keine Folgen. Niemand zieht sie zur Rechenschaft! Aber das stimmt nicht. Wenn wir einem Menschen vergeben, kommt er nicht einfach so davon, ohne sich für seine Fehler verantworten zu müssen. Straftaten werden vom Staat geahndet. Und selbst wenn das nicht geschieht oder das Verhalten des anderen kein Gesetz verletzt hat, ist Gott in der Lage, die Menschen zur Rechenschaft zu ziehen, die uns unrecht getan haben.

Vergebung bedeutet, sich zu versöhnen und erneut zu vertrauen.

Vergebung und Versöhnung sind zwei unterschiedliche Dinge: Vergebung ist eine persönliche Handlung dessen, dem unrecht getan wurde. Sie hängt weder von der Bitte um Vergebung noch von irgendeiner anderen Reaktion des Schuldigen ab. Versöhnung dagegen ist ein gegenseitiger Akt, an dem beide Parteien beteiligt sind.

Vergebung heilt nicht immer auch die Beziehung. Wir können uns darum bemühen, sie wiederherzustellen, aber wir können es nicht erzwingen. Ob ich erneut Vertrauen in die Person investiere, die mich verletzt hat, hängt von dem Verhalten dieser Person ab, nicht von meinem eigenen.

Mein *Vergebungsgebet*

Folgendes Gebet hat mir schon oft geholfen, ein Problem, das ich mit einem anderen Menschen hatte, wirklich ganz abzugeben – an die einzige Stelle, wo es hingehört, nämlich in Jesu Hände. Natürlich sind längst nicht alle meine Probleme deswegen gelöst. Aber ich kann immer wieder neu vergeben, wenn frische Wunden entstehen oder alte wieder aufreißen, weil noch nicht alles geheilt ist.

Vergebung bei einer anderen Person

Ich erkläre vor Gott, dass die Person, die mich verletzt hat, anders sein darf, als ich es bin.

Ich erkläre, dass sie es anders machen darf, als ich es tun würde.

Ich erkläre, dass sie Fehler machen darf und Gott dafür zuständig ist.

Weiterhin erkläre ich, dass ich das Recht auf Anklage niederlege. (Indianische Weisheit: *Klage niemanden an, wenn du nicht mindestens einen Mond lang in seinen Mokassins gelaufen bist.* – Bin ich nur eine Stunde in den Schuhen dieser Person gelaufen?)

Ich bitte Gott, in meinen Schmerz hineinzukommen und die Wunden zu heilen. (Welche Wunden habe ich eigentlich?)

Ich entlasse die Person aus meinem Groll und meiner Bitterkeit und erlaube Gott, sie zum Guten zu verändern.

Und falls das alles zu schwer ist: Gott, vergib du in mir!

(Das Wort „Gott“ kann auch durch „Jesus“ ersetzt werden.)

Vergebung bei mir selbst

Ich erkläre vor Gott, dass ich damals, als ich den Fehler gemacht habe, anders sein durfte, als ich es jetzt bin.

Ich erkläre, dass ich es anders machen durfte, als ich es jetzt tun würde.

Ich erkläre, dass ich Fehler machen durfte und Gott dafür zuständig ist. Aber als Kind Gottes darf ich die Erlösungstat von Jesu Tod am Kreuz in Anspruch nehmen. Er hat mich von meiner Schuld reingewaschen. Gott, bitte vergib mir.

Weiterhin erkläre ich, dass ich das Recht auf Selbstanklage niederlege.

Ich bitte Gott, in meinen Schmerz hineinzukommen und die Wunden zu heilen. (Welche Wunden habe ich eigentlich?)

Ich entlasse mich selbst aus meinem Groll und meiner Bitterkeit und erlaube Gott, mich immer mehr zum Guten zu verändern.

Barbara Weiß

Einander *Gutes* unterstellen

Eigentlich ist vieles wunderbar. Eigentlich könnte ich für so viele Dinge dankbar sein, aber eigentlich lautet die Wahrheit: Die vergangenen Monate waren hart. Durch Krankheiten, einen lästigen Keim und herausfordernde Umstände waren wir als Familie ziemlich gebeutelt und an unsere Grenzen gekommen. Diese Zeit hat mich Kraft gekostet.

Solche Phasen im Leben sind herausfordernd. Man ist reizbarer und läuft eher Gefahr, im Miteinander zu versagen und einander zu verletzen, was die Situation dann zusätzlich erschwert. Ich merke, dass mich Kleinigkeiten schneller auf die Palme bringen und mir der eine oder andere Kommentar rausrutscht, den ich mir lieber verkniffen hätte. Außerdem bin ich selbst angreifbarer und reagiere sensibler darauf, wie andere mir begegnen.

Die Keule herausholen

Eines Tages treffe ich auf eine Person, die gerade eine ähnlich anstrengende Phase hinter sich hat. Wir sind in einer größeren Gruppe unterwegs, und ich kann mich fallen lassen, mit freundlichen Menschen lachen und auch mal fünfe gerade sein lassen. Das tut gut! Ich habe in der vergangenen Woche etwas Wichtiges erlebt, das ich mitteile. Und dann trifft mich – wumm – von jener Person, die auch an ihrem Limit ist, mit voller Breitseite ein unsensibler Kommentar.

Ich bin wie erstarrt und ärgere mich. Mein Herz bekommt einen Riss, ich fühle mich vorschnell abgeurteilt, nicht wirklich wahrgenommen. Vielleicht habe ich missverständlich gesprochen, aber ein Nachfragen hätte geholfen, ein Einlassen,

ein Mehr-wissen-Wollen, bevor die „Keule“ herausgeholt wird. Aber um sich aufeinander einzulassen, braucht man genau das, was auch mir gerade fehlt: Spannkraft, Energie und Gelassenheit. Ich merke, dass ich für mich selbst sorgen muss, damit ich das wieder habe. Denn am persönlich erlebten Schmerz wird mir bewusst, dass ich selbst auch anderen in meiner Schwäche nicht immer hilfreich begegnet bin. Und ich darf zu Jesus kommen, ihm meinen Schmerz hinhalten, aber auch mein Versagen, mich von ihm trösten lassen und schauen, wo Veränderung dran ist.

Angst vor dem Extrem

Diese Erkenntnis trifft nicht nur auf Grenzsituationen zu. Wie viel schneller bin ich dabei, den anderen zu verurteilen, als ihn verstehen zu wollen? Wie schnell mache ich mir ein Bild, ohne hinter die Kulisse geschaut zu haben? Wie häufig unterstelle ich Schlechtes statt Gutes?

Wenn ich in der Bibel lese, wie Jesus Menschen begegnet, bin ich immer wieder erstaunt, wie er von Herz zu Herz kommuniziert. Ärgerlich wird er, wenn Menschen über andere urteilen. Er schützt eine Frau, als die Jünger sie dafür kritisieren, dass sie mit ihrem kostbaren Öl seine Füße salbt. Man hätte es doch sinnvoller einsetzen können. Jesus kennt ihr Herz und die Motivation hinter ihrem Verhalten (Lukas 7,36–50). In einer anderen Situation stellt er sich vor eine Ehebrecherin, die nach dem Gesetz gesteinigt werden soll, und sagt: „Wer von euch noch nie gesündigt hat, soll den ersten Stein auf sie werfen!“ (Johannes 8,2–11). Jesus kritisiert die Pharisäer, die in überheblichem Denken gefangen sind und sich über andere Menschen stellen (Matthäus 23,1–36). Manchmal habe ich den Eindruck, dass Jesus auf andere Sünden hinweisen will, als wir denken. Wenn ich die Evangelien lese, denke ich, dass das Thema „Verurteilen“ dabei eine wesentliche Rolle spielt.

Häufig rebellieren wir innerlich gegen solches Verhalten von Menschen, das sich von unserem unterscheidet. Indem wir es negativ benennen, erreichen wir, dass wir uns selbst „mittig" fühlen: Wer großzügiger ist als ich, ist verschwenderisch. Wer sparsamer ist als ich, ist knauserig. Ich bin genau richtig. In der Mitte fühlt es sich angenehm an, dort ist man ausgeglichen, dort ist man richtig.

Das Problem ist, dass wir dadurch die Mitte selbst definieren und dass sie von unserem Urteil abhängt. Aber wer oder was „richtig" ist, hängt nicht von meinem Urteil ab, sondern von Gottes Urteil. Und er hat uns mit unterschiedlichen Stärken geschaffen: Der eine ist vielleicht besonders großzügig, der andere besonders barmherzig. Es ist nicht an mir, ein Urteil über jemanden zu fällen.

Wie schön könnte es sein, wenn …

… wir einander häufiger Gutes als Schlechtes unterstellen würden.

… wir erst einmal hinschauen würden, warum uns das Verhalten einer bestimmten Person herausfordert, bevor wir sie in Gedanken abwerten und kleinmachen.

… wir versuchen würden zu verstehen, dass der andere sein Leben mit seiner ganz eigenen Persönlichkeit und Geschichte lebt. Wir alle haben eine Brille auf, durch die wir mit unserer individuellen Sicht auf das Leben schauen. Wenn ich mit meiner Brille die Lebenswelt des anderen beurteile, werde ich diesem nicht gerecht.

… wir anerkennen würden, dass wir alle mit Unterschiedlichem zu kämpfen haben. Was mir leichtfällt, muss dem anderen noch lange nicht leichtfallen. Und was mir schwerfällt, ist für den anderen vielleicht kein Problem. Wie schnell kommt mir ein voreiliger Rat über die Lippen bei einem Thema, das mir leichtfällt?

… wir der Barmherzigkeit mehr Raum in uns geben würden als der Bitterkeit. Wie herausfordernd doch Jesu Worte am Kreuz sind: „Vater, vergib ihnen, denn sie wissen nicht, was sie tun" (Lukas 23,34).

… wir bei unseren Deutungen und Interpretationen überlegen würden, was sie über uns selbst aussagen. Häufig entspringen sie unseren eigenen Schwachpunkten. Aus der Psychologie weiß man, dass Menschen, die anderen etwas unterstellen, häufig selbst mit dem Thema ein Problem haben. Wenn beispielsweise jemand einen anderen als stolz empfindet, hat er womöglich selbst ein Problem mit Stolz, das er auf den anderen projiziert.

… wir den anderen so sehen würden, wie wir selbst sind: lernend, suchend, bedürftig, kämpfend, angewiesen. Aber auch verantwortlich, wertvoll, selbstständig, einzigartig, gleichwertig.

… wir einander unsere Geschichten erzählen und uns dabei interessiert zuhören würden.

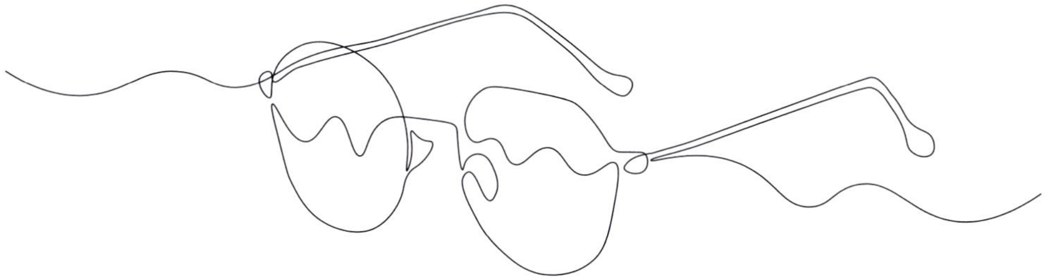

So bunt wie das Leben

Wir Menschen sind unterschiedlich gestrickt. Mit verschiedenen Bedürfnissen, Stärken, Schwächen und Stresspunkten. Diese Mischung macht es, dass wir uns entfalten können, aber wir sollten uns und unsere Sicht nicht als Maßstab für alle setzen. Denn wir sind nicht der Mittelpunkt der Welt. Wir haben unterschiedliche Fallen, in die wir tappen, und wir neigen alle dazu, unangenehm zu werden, wenn wir unter Stress stehen. Aber in jedem von uns liegen auch wunderbare Gaben und eine individuelle Sicht auf das Leben.

Eine gute Übung ist es, sich zu überlegen, wie wir Verhaltensweisen, die uns negativ an anderen auffallen, positiv formulieren können. Hier ein paar Beispiele:

Ich kann jemanden als Angeber bezeichnen oder seine Begeisterungsfähigkeit loben.

Ich kann jemanden als dominant empfinden oder sein positives Selbstbild wertschätzen.

Ich kann jemanden als zu sensibel bezeichnen oder als mitfühlend.

Ich kann jemanden als unordentlich empfinden oder als entspannt.

Ich kann jemanden als antriebslos bezeichnen oder als zufrieden.

Wie wir übereinander denken und reden, bestimmt, wie wir den anderen sehen, und das wiederum bestimmt unser Miteinander. Wie schön wäre es, wenn wir uns mehr Gutes unterstellen würden als Schlechtes und das auch aussprechen – voreinander und vor anderen.

Katrin Schmidt ist Grundschullehrerin und findet, dass das Leben viel schöner wäre, wenn wir uns gegenseitig aufrichten würden, anstatt uns zu richten.

VAN NAHMEN
Weißer Pfirsich

Wie viel schneller bin ich dabei,

den anderen zu verurteilen,

als ihn *verstehen* zu wollen?

Wie schnell mache ich mir ein Bild,

ohne hinter die Kulisse

geschaut zu haben?

Worte der Gnade

Da hatte anscheinend jemand komplett die Nerven verloren. Vom anderen Ende des Parkplatzes vor dem Einkaufszentrum hörte ich, wie eine Frau tobte. Beim Näherkommen hoffte ich inständig, dass es keine Kinder waren, die diesen Zornausbruch abbekamen. So ein ungebremster Wutanfall könnte ein echtes Trauma verursachen, ging es mir durch den Kopf.

Inzwischen war ich beim Auto der Frau angekommen und warf einen prüfenden Blick ins Innere. Drei verstrubbelte Blondschöpfe saßen auf der Rückbank und die Mutter auf dem Fahrersitz starrte mich böse an. Instinktiv trat ich an die Fahrertür. Sie kurbelte das Fenster herunter und zeterte: „Sie brauchen gar nicht so zu gucken! Die Kinder haben sich schlecht benommen und da hab ich mit ihnen geschimpft. Ich kann es gar nicht leiden, wenn die Leute glotzen, nur weil ich mal rumschreie."

Da traten mir die Tränen in die Augen. Ich beugte mich zu ihr und hörte mich selber reden: „Ich wollte Ihnen nur meine Hochachtung aussprechen, dass Sie drei Kinder haben. Ich habe fünf und weiß, was das für eine Leistung ist. Und ich weiß auch, wie anstrengend das manchmal ist und was es für Nerven kostet. Meine Hochachtung für alles, was Sie schon getan haben. Ich möchte Ihnen einfach von ganzem Herzen Danke sagen und alles Gute wünschen."

Ich sah, dass die Frau sehr bewegt war und das Gespräch beenden wollte. Sie krabbelte aus dem Auto und machte sich am Kofferraum zu schaffen. Ich winkte

den Kindern zu und ging tränenüberströmt einkaufen. Aus meinem Mund waren Worte gekommen, die ich vorher noch nicht einmal gedacht hatte, die aber die Situation entspannten. Worte, die nicht aus einem verurteilenden Herzen kamen, sondern aus einem gnädigen Herzen, wie nur Gott es hat und schenkt. Das war das größte Wunder für mich.

Mir fiel eine Situation ein, als unsere Kinder klein waren und ich lautstark mit ihnen geschimpft hatte. Warum erinnerte ich mich so gut daran? Weil es genau in diesem Moment an der Haustür klingelte und ich sicher war, dass die Person meinen Ausbruch gehört hatte. Doch ist Sünde, die niemand sieht, weniger schlimm?

Bevor wir andere Menschen verurteilen, deren Geschichte wir gar nicht kennen, sollten wir erst mal vor unserer eigenen Tür kehren. Mit Gottes Hilfe können wir Menschen werden, die nicht nur selbst Gnade empfangen, sondern sie in Wort und Tat weitergeben. Und ist es nicht auch ein Wunder, dass diese drei Strubbelköpfe am Leben sind und ihre Mutter die Herausforderung angenommen hat, sie großzuziehen?

Ich könnte anfangen, für diese Familie zu beten, fällt mir gerade ein.

Beate Nordstrand ist Autorin, Referentin und selbstständige Ernährungsberaterin.

Friede soll werden, soll sein

Jesus, schenke mir Frieden
in meinen Seelenlasten und meiner Gedankenunruhe,
meinen zitternden Herzensängsten und Sorgen.
Ich brauche auch Frieden für meine Begrenztheit
und die Umstände, in die ich gestellt bin.
Hilf mir, sie friedlich zu akzeptieren.
Gib mir ein Herz, das ruhig wird in dir,
mit deinem Frieden erfüllt, der höher ist als meine Ängste und Sorgen.
Hilf mir, mich von dir lieben zu lassen, damit ich andere Menschen lieben kann.

Schenke mir auch mit anderen Menschen Frieden.
Frieden in meiner Familie, in täglichen Begegnungen, in unserem Land.
Schenke mir den friedlichen, barmherzigen Blick für den anderen.
Lass mich immer wieder aufbrechen zur Tür und Grenze desjenigen,
der mir nicht friedlich gesinnt ist.
Lass mich meine Hände stets zu Neuanfängen
dem anderen gegenüber ausstrecken.
Hilf mir, um Vergebung bittende Hände nicht abzuweisen.
Hilf mir, deinen Frieden zu wahren.

Jesus, du bist der Friedensstifter.
Schenke Frieden unter den Völkern.
Du weißt um all die Angst, den Hass, die Krankheit, die die Welt erschüttern.
Du kennst die Menschen, die unter dem Verlust ihrer Familie und Freunde leiden.
Du siehst die Verwundeten, die Verlorenen, die Verfolgten.
Jesus, schenke diesen allen deinen Frieden –
für die Seele, in ihren Gefühlen und Gedanken.
Einen Frieden, der Ruhe schenkt, durch den die Seele still wird in dir.

Jesus, du bist der Friedefürst.
Regiere in meinem Herzen.
Du bist die Liebe.
Nur in dir ist anhaltender Friede;
nur durch dich kann wahrhaft Friede sein.
Möge dein Friedensreich sich ausbreiten – in meiner Seele,
in meinen Beziehungen, in unserem Land – bis in die weite Welt hinein.
Gebrauche mich dazu.
So bitte ich dich:
Lass mich für dich Liebesträger, Friedensbringer und Botin der Hoffnung
in dieser Welt sein.

Antje Schering

Selig sind, die

Frieden stiften;

denn sie werden

Gottes Kinder heißen.

Matthäus 5,9 (Luther)

Für den *Frieden* geschaffen

Heute noch begrüßen sich Juden mit dem Wort „Shalom" („Friede") und wünschen sich damit alles Gute. Im Alten Testament ist dieses hebräische Wort jedoch viel mehr als nur eine Grußformel. Es bedeutet Sicherheit, Glück, Friede, Wohlergehen und beschreibt einen heilen, vollkommenen, unversehrten Zustand. Es kann sich auf das persönliche Wohlergehen eines Menschen beziehen oder auch auf eine Gemeinschaft – etwa die innere und äußere Sicherheit eines Landes. Zum Beispiel heißt es, dass König Salomo mit den Völkern ringsum in Frieden lebte (1. Könige 5,4).

Wir Menschen wünschen uns Frieden, doch unsere Welt ist erfüllt von Streit, Hass, Krieg und Terror. Auch in Beziehungen und Gemeinden sind Frieden und Einheit oft harte Arbeit. Deshalb stellt sich die Frage: Wie kann der Frieden wiederhergestellt werden und wie können wir in Frieden leben?

Wenn der Friede fehlt

Als unsere Kinder noch klein waren, war ich als Mama eines Nachmittags nicht in guter Stimmung. Mein Zeitplan funktionierte nicht. Ich war gerade dabei, das Abendessen vorzubereiten, aber das Haus war noch nicht aufgeräumt und der angekündigte Besuch würde demnächst an der Haustür klingeln. In aufgebrachtem Ton wies ich die Kinder an aufzuräumen. Ich hatte Stress und fühlte mich unter Druck, denn die Zeit rannte mir davon. Als nach kurzer Zeit der Besuch eintraf, verwandelte ich mich von einer Sekunde auf die andere in eine friedliche Gastgeberin und lächelte alle an. Doch als die Kinder am Abend im Bett waren, überfiel mich das schlechte Gewissen. Ich spürte keinen echten Frieden und ging nochmals in das Zimmer der Kinder. Dort schaute mich mein fünfjähriger Sohn mit seinen süßen Augen an und sagte: „Ich wusste, dass du noch mal kommst, denn ich habe gerade dafür gebetet, dass du dich noch entschuldigen wirst!"

Ich glaube, dass ich so unruhig war, weil Gott mir gezeigt hat, dass mein Verhalten nicht in Ordnung war. Echter Friede kann erst einziehen, wenn Gott wirkt, weil erst dann „alles gut" werden kann.

„Der Herr ist Friede" heißt es in der Bibel (Richter 6,24). Gott möchte uns Menschen diesen Frieden schenken, denn wir können ihn aus eigenem Antrieb nicht erarbeiten. „Shalom" setzt das Verhältnis eines Menschen zu Gott voraus, die Herzensbeziehung zum Vater im Himmel. Tiefer Friede und echtes Heil sind nur möglich, wenn unsere Beziehung zu Gott in Ordnung ist.

„Shalom" ist im Alten Testament auch eine Verheißung. Der Prophet Micha kündigt den Retter des Friedens an, der in Bethlehem zur Welt kommen wird, und schreibt: „Er bringt uns Frieden" (Micha 5,4).

Im Neuen Testament wird „Frieden haben" und „in Frieden leben" mit dem griechischen Wort *eirene* bezeichnet. Es handelt sich um einen Zustand der Ordnung und des Rechts, aus dem Wohlstand und Segnungen hervorgehen. In Jesus Christus können wir Menschen volles Heil und vollkommenen Frieden finden, denn weil Jesus für uns starb, können wir Vergebung für unsere Sünden bekommen. Dadurch kann unsere Beziehung zu Gott und somit die Ordnung, wie Gott sie geschaffen hat, wiederhergestellt werden. In der Bibel lesen wir in Römer 5,1: „Nachdem wir durch den Glauben von unserer Schuld freigesprochen sind, haben wir Frieden mit Gott durch unseren Herrn Jesus Christus." Jesus allein ist der Geber des Friedens, und er beruft seine Nachfolger dazu, diesen Frieden zu empfangen, zu bewahren und an andere Menschen weiterzugeben.

Ein Kampf in der Stille

Der Apostel Paulus schreibt: „Und der Friede, den Christus schenkt, soll euer ganzes Leben bestimmen. Gott hat euch dazu berufen, in Frieden miteinander zu leben" (Kolosser 3,15). Das ist nicht immer einfach. Manchmal sind Beziehungen wirklich kompliziert. Andere Menschen können uns richtig nerven. Oder wir sie. In diesem Punkt konnte ich damals eine wertvolle Lektion von meinem Sohn lernen. Er stand hilflos dem Verhalten seiner Mama gegenüber und konnte nicht viel unternehmen, um mich wieder zu besänftigen. Aber er tat das Entscheidende:

Er bat Gott um Hilfe. Er sprach in seinem Bett ein Gebet und kämpfte somit in der Stille für den Frieden.

Menschen, die Jesus Christus in ihrem Herzen tragen, sind befähigt, mit anderen Menschen wieder Frieden zu schließen. Dabei möchte Gott uns unterstützen. Er stellt durch seine Kraft die Ordnung wieder her. Wir brauchen diese Kraft, um den Frieden wiederzufinden, denn jeder Mensch macht Fehler. Wir lesen in der Bibel: „Dagegen bringt der Geist Gottes in unserem Leben nur Gutes hervor: Liebe, Freude und Frieden …" (Galater 5,22). Es ist der Geist Gottes, der uns helfen möchte und der unsere Herzen in der Tiefe reinigen und zum Positiven verändern kann. Täglich können wir uns für das Gute entscheiden und mutig den Frieden Gottes für unsere Beziehungen erwarten. Jesus ist der Friede. Und wenn Jesus in uns lebt, dann können wir anders reagieren, als man es erwarten würde. Dadurch können andere Menschen durch uns gesegnet werden.

Selbst wenn auf dieser Welt nicht alles rundläuft, können wir immer wieder Zeichen des Friedens setzen. Aber Friede bleibt im Neuen Testament auch eine Verheißung. Den vollkommenen Frieden wird es erst im Himmel geben: „Wir warten auf diese neue Welt, in der endlich Gerechtigkeit herrscht" (2. Petrus 3,13). Wir sind für den Frieden geschaffen. Wer Jesus nachfolgt, wird eines Tages diese Erde verlassen und in das ewige, königliche Friedensreich einziehen. Shalom!

Karin Schmid ist Theologin und Buchautorin.

Echter Friede

kann erst einziehen, wenn Gott wirkt,

weil erst dann „alles gut“ werden kann.

Foto: Milena Schmidt Fotografie

5 Ideen, wie du zur Friedensstifterin werden kannst

1

Gib Liebe weiter durch kleine Gesten im Alltag.

Eine freundliche Geste kann unerwartete Freude bereiten und zu einer liebevollen, harmonischen Atmosphäre beitragen. Ein aufrichtiges Lächeln, jemandem die Tür aufhalten, ein wertschätzendes Kompliment – oft sind es die kleinen Dinge, die einen großen Unterschied machen!

2

Hilf anderen, Konflikte zu lösen.

Wenn du mitbekommst, dass sich Menschen streiten, oder wenn du selbst in eine Auseinandersetzung oder Diskussion verwickelt bist, dann halte nach Wegen Ausschau, wie du diese friedlich beenden könntest. Oft sind Konflikte das Ergebnis von Missverständnissen – ermutige beide Seiten, einander zuzuhören und die Perspektive des anderen zu verstehen. Bleibe ruhig, vermeide Schuldzuweisungen, und suche stattdessen nach Kompromissen, die für beide Seiten akzeptabel sind.

Übe dich in friedlicher Kommunikation.

In angespannten Situationen fällt schnell mal ein böses Wort. Nicht nur Kraftausdrücke oder Beleidigungen, auch kleine Sticheleien, passiv-aggressive Kommentare und Vorwürfe können verletzen. Gewaltfreie Kommunikation zielt darauf ab, sich trotz der eigenen negativen Emotionen zugewandt und respektvoll auszudrücken. Sie funktioniert in vier Schritten:

1. wertfreie Beschreibung einer Situation oder Handlung, die man beobachtet hat
2. Gefühle in Ich-Botschaften ausdrücken
3. Bedürfnisse formulieren, die hinter den Gefühlen stehen
4. Bitte um ein konkretes Handeln

Statt „Hör mir gefälligst zu!" könntest du zum Beispiel sagen: „Du tippst auf dem Handy, während ich rede – das verärgert mich. Es ist mir wichtig, meine Gedanken mit dir zu teilen. Würdest du für fünf Minuten dein Handy weglegen und mir zuhören?"

4 Engagiere dich in deiner Stadt.

Überlege, wie du Menschen in deinem Umfeld, die Hilfe brauchen, konkret unterstützen könntest: Wo wären deine Stärken und Gaben von Nutzen? Wie viel Zeit kannst du gerade mit fröhlichem Herzen in ein Projekt investieren? Vielleicht gibt es eine Organisation vor Ort, deren Arbeit dich inspiriert und die du gern ehrenamtlich unterstützen möchtest, zum Beispiel in einer Obdachlosen- oder Flüchtlingsunterkunft?

5 Tu dich mit anderen zusammen.

Die Teilnahme an Demonstrationen, Events oder Aktionen wie etwa dem Weltgebetstag bietet dir die Möglichkeit, dich einzubringen und gemeinsam mit anderen mehr zu bewirken. Es geht dabei zum Beispiel darum, Menschen miteinander zu verbinden, Zeichen für den Frieden zu setzen, Bewusstsein für bestimmte Themen zu schaffen oder Einfluss auf politische Entscheidungen zu nehmen. Erkundige dich doch mal nach Veranstaltungen in deiner Nähe, und lade Freundinnen ein, zusammen daran teilzunehmen.

Die *Liebe* überfließen lassen

Ungerechtigkeit gibt es so viel auf der Welt, dass man oft gar nicht weiß, wo man hinschauen soll. Viele kleine und große Nöte lähmen uns. Wo kann man überhaupt helfen? Was kann ich schon bewirken?

Ich glaube, das Geheimnis liegt darin, verstanden zu haben, dass ich von Gott geliebt bin. Ohne irgendetwas dafür getan zu haben. Die Frage unserer Identität ist oft mit dem Tun verbunden, anstatt uns auf das Sein zu konzentrieren, aus dem dann unser Tun umso kraftvoller hervorgehen kann. Viele reden von Berufung, verwechseln sie aber mit Aktivismus. Die erste Berufung ist es, ans Herz Gottes zu kommen. Er hat mich erschaffen, kennt mich durch und durch. Was er über mich spricht, hat Kraft. Er ruft mir zu: „Ich habe dich bei deinem Namen gerufen; du bist mein!" (Jesaja 43,1).

Wenn ich das verstanden habe, kann ich auch das höchste Gebot erfüllen: „Du sollst den Herrn, deinen Gott, lieben von ganzem Herzen, von ganzer Seele und mit all deiner Kraft und deinem ganzen Gemüt, und deinen Nächsten wie dich selbst" (Lukas 10,27). In Sprüche 19,8 heißt es: „Wer Verstand erwirbt, liebt sich selbst, wer Einsicht bewahrt, findet sein Glück." Das bedeutet, dass wir uns selbst und unser Leben lieben können, indem wir uns um Weisheit bemühen. Gott gibt uns Erkenntnis, um uns vor Schwierigkeiten im Leben zu schützen. Gleichzeitig ermöglicht er der Liebe in uns, sich in guten Werken auszudrücken. Das Verständnis von Gott und seiner bedingungslosen Liebe schenkt uns Freude und Sinn, unser Leben dort, wo wir hineingeboren und hingestellt worden sind, zu lieben und aus diesem Überfluss zu leben. Das führt zu Taten! Als Menschen wollen wir Liebe weitergeben. Das ist Teil unserer DNA.

„Wieso lässt Gott Ungerechtigkeit zu?“ ist also die falsche Frage. Die Frage lautet vielmehr: „Was habe ich für Gaben und Talente erhalten, um Teil der Lösung zu sein?“

Als ich dem Thema „Menschenhandel“ ins Auge schaute und in Bordelle ging, um Prostituierte zu massieren, war ihre Haltung nicht etwa die eines armen Opfers. Sie sagten: „Ich brauche kein Mitleid, ich brauche einen Job!“ Was lag in meinen Händen, um eine Antwort darauf zu geben? Eine Stimme, die ein Team zusammenbrachte, in dem alle ihre Gaben einsetzten. Daraus entstand schließlich eine Rehabilitationsarbeit für ehemalige Prostituierte. Jeder von uns kann etwas bewirken!

Tabea Oppliger lebte zehn Jahre in Tel Aviv und kämpft mit ihren Social Businesses „KitePride“ und „Glowbalact“ für Gerechtigkeit.

Synonyme für *Frieden*

Frieden hat viele Synonyme. Frieden bedeutet Versöhnung: Der Waffenstillstand unserer Worte, wenn wir sie nicht länger gegeneinander ausspielen. Frieden bedeutet auch Einigkeit, Eintracht, Einmütigkeit und Einvernehmen. All diese Wörter beginnen mit Ein-, weil man „eins" wird: Aus Individuen wird eine Gesamtheit, die zusammenkommt, zusammen fühlt und füreinander einsteht. Es ist eine kraftvolle Art des Friedens, wenn Menschen für oder durch ihn zusammengeführt werden. Harmonie kann Frieden bedeuten: Wie die sanfte Melodie eines perfekt abgestimmten Orchesters, das mit seinen Klängen beruhigt. Wenn wir miteinander in Harmonie leben, strahlen wir Frieden aus und geben einander Raum zum Zur-Ruhe-Kommen. Zum Stille-Finden. Denn auch Stille ist Frieden: Wir finden Frieden, wenn wir es schaffen, uns dem Lärm unserer Zeit zu entziehen und einfach mal unserem Herz zu lauschen.

Darum:

In einer Welt voller Gefechte lasst uns für Versöhnung einstehen.

In einer Welt aus Individuen lasst uns Einheit fördern.

In einer Zeit des wirren Chaos lasst uns Harmonie kreieren.

In einer Zeit des steten Lärms lasst uns Zeit für Ruhe finden.

Denn wir können vielleicht keinen Weltfrieden bewirken, doch wir können Frieden auf der Welt erwirken.

Sarah Marie

Herr, du gibst Frieden dem,

der sich fest an dich hält und

dir allein vertraut.

Jesaja 26,3

Lieber *Vater,*

die Worte aus Jesaja 26,3 berühren mein Herz in der Tiefe, denn sie sagen: Du schenkst mir deinen tiefen, unbegreiflichen und all mein Verstehen übersteigenden Frieden, wenn ich deine Nähe suche und in ihr bleibe.

Wenn mich aufwühlt, was um mich herum geschieht und sich in meinem Inneren bewegt, dann bist du der, zu dem ich immer kommen darf. Du bist der, der mich ernst nimmt und mir zeigt, dass meine kleine Welt für dich bedeutsam ist und du in ihr zu finden bist.

Du bist der, an dem ich mich festhalten darf, weil du vertrauenswürdig bist. Mein Vertrauen ist bei dir immer richtig aufgehoben, weil du dich stets als stark, liebevoll und, mehr als alles andere, als liebenswert erweist.

Auf deinen Frieden bin ich angewiesen, weil ich ihn selbst nicht schaffen kann. So vieles steht einfach nicht in meiner Macht und entzieht sich meinem Einfluss. Wenn ganze Länder sich im Krieg befinden und Herzen sich dazu entscheiden, sich gegenseitig zu verletzen, dann stehe ich ohnmächtig daneben und frage mich, wie dieser Friede praktisch wird, von dem dein Wort beständig spricht. Dann kann ich gar nicht anders, als mich an dich zu wenden und in meinen Bitten und meinem Flehen all der Menschen zu gedenken, die sich nach deinem Frieden sehnen – ob sie es wissen oder nicht.

Jahwe Shalom, du Gott des Friedens, du sandtest uns den Friedefürst. Prince of Peace, so heißt dein Sohn, der für uns zum Frieden wird.

Wenn ich mich fest an dich halte und dir allein vertraue, dann ist das Einzige, was zwischen uns steht, das Kreuz, auf das ich schaue. Der Ort, an dem die Liebe siegt und einer kaputten Welt wieder Frieden gibt.

Ich bitte dich als dein geliebtes Kind: Mach mich zu einer Friedensstifterin. Auf deinen Frieden schaue ich, auf deine Liebe baue ich und dir allein vertraue ich.

Amen.

Ellen Fritsche